essentials

essentials liefern aktuelles Wissen in konzentrierter Form. Die Essenz dessen, worauf es als „State-of-the-Art" in der gegenwärtigen Fachdiskussion oder in der Praxis ankommt. *essentials* informieren schnell, unkompliziert und verständlich

- als Einführung in ein aktuelles Thema aus Ihrem Fachgebiet
- als Einstieg in ein für Sie noch unbekanntes Themenfeld
- als Einblick, um zum Thema mitreden zu können

Die Bücher in elektronischer und gedruckter Form bringen das Fachwissen von Springerautor*innen kompakt zur Darstellung. Sie sind besonders für die Nutzung als eBook auf Tablet-PCs, eBook-Readern und Smartphones geeignet. *essentials* sind Wissensbausteine aus den Wirtschafts-, Sozial- und Geisteswissenschaften, aus Technik und Naturwissenschaften sowie aus Medizin, Psychologie und Gesundheitsberufen. Von renommierten Autor*innen aller Springer-Verlagsmarken.

Michael Lorenz · Frank Nientiedt

Digitales Recruiting entlang der Candidate Journey

Maßnahmen und Best Practices für erfolgreiches Employer Branding

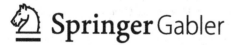

Michael Lorenz
Bielefeld, Deutschland

Frank Nientiedt
Bielefeld, Deutschland

ISSN 2197-6708   ISSN 2197-6716 (electronic)
essentials
ISBN 978-3-662-68095-7   ISBN 978-3-662-68096-4 (eBook)
https://doi.org/10.1007/978-3-662-68096-4

Die Deutsche Nationalbibliothek verzeichnet diese Publikation in der Deutschen Nationalbibliografie; detaillierte bibliografische Daten sind im Internet über http://dnb.d-nb.de abrufbar.

Planung/Lektorat: Mareike Teichmann
Springer Gabler ist ein Imprint der eingetragenen Gesellschaft Springer-Verlag GmbH, DE und ist ein Teil von Springer Nature.
Die Anschrift der Gesellschaft ist: Heidelberger Platz 3, 14197 Berlin, Germany

Das Papier dieses Produkts ist recyclebar.

Was Sie in diesem *essential* finden können

- Einen Überblick über die Definition, die Ziele und die zunehmende Bedeutung von Employer Branding.
- Eine Darstellung von nachweislich erfolgreichen Maßnahmen zur Steigerung der Arbeitgeberattraktivität entlang der ersten drei Phasen der Candidate Journey.
- Sechs konkrete Praxisbeispiele aus unterschiedlichen Branchen.
- Fünf Thesen des HR-Experten Tim Verhoeven zu den Auswirkungen der Megatrends Arbeitskräftemangel und Beschleunigung der Digitalisierung.

Vorwort

Liebe Leserinnen und Leser,
die Digitalisierung hat durch die Corona-Pandemie auch im HR-Bereich weiter an Dynamik gewonnen. Durch die sich dadurch stark verändernde Arbeitswelt stehen Unternehmen vor neuen Herausforderungen. Der Fachkräftemangel und der damit verbundene "War for Talents" ist längst nicht mehr nur eine gesellschaftliche, sondern eine unternehmerische Aufgabe. Um weiterhin geeignete Mitarbeiter anzuziehen und langfristig an das Unternehmen zu binden, müssen wir die Veränderungen entlang der Candidate Journey verstehen und darauf reagieren. Die immer größer werdende Vielfalt an Kanälen und Maßnahmen macht es für Unternehmen schwer, eine passende Auswahl zu treffen.

In diesem Buch analysieren wir die Auswirkungen der digitalen Beschleunigung auf die Personalsuche und stellen Maßnahmen vor, um die Arbeitgebermarke zu stärken und dem Fachkräftemangel erfolgreiche Lösungen entgegenzusetzen. Wir legen den Fokus dabei auf digitale Kanäle und die ersten drei Phasen der Candidate Journey. Die dazugehörigen sechs Best Practices stellen praxisnahe Tipps und Handlungsempfehlungen von Unternehmen dar, die Herausforderungen in diesem Bereich erfolgreich gelöst haben.

Mit diesem kompakten Überblick von relevanten Konzepten und Vorgehensweisen im Employer Branding und Social Recruiting richten wir uns an Menschen, die im HR, Personalmarketing und Employer Branding tätig sind sowie an Geschäftsführer von KMUs und Studenten.

Wir sind dankbar für Ihr Interesse an unserem ersten Buch, das Ihnen idealerweise wertvolle Einsichten und Inspirationen für das Thema Employer Branding bietet. Wir, Frank Nientiedt und Michael Lorenz, haben unser Wissen und unsere Erfahrungen zusammengetragen und sind stolz beim renommierten Springer Gabler Verlag veröffentlichen zu dürfen.

Neben unseren Jobs war das Verfassen dieses Buchs ein großes Projekt, welches wir nur dank der Unterstützung zahlreicher Personen und Unternehmen umsetzen konnten. Wir möchten uns daher an dieser Stelle herzlich bei den Menschen des Springer Gabler Verlags bedanken, die uns bei diesem Vorhaben so wertschätzend und stets konstruktiv unterstützt haben. Ganz besonders erwähnen möchten wir Mareike Teichmann, die uns regelmäßig wertvolles Feedback gegeben hat und uns auch am Tiefpunkt (ja, den gab es) weiter ermuntert hat, an das Buch zu glauben und weiterzumachen.

Natürlich beeinflusst so ein Buchprojekt die Familie und Freundschaften. Ein großes Dankeschön auch an alle, die uns während der Entstehungszeit dieses Buchs geholfen und unterstützt haben – auch wenn wir weniger Zeit für Euch hatten.

Dieses Buch lebt auch von seinen Praxisbeispielen. Herzlichen Dank an alle Unternehmen und Experten, die uns Einblicke in ihre Arbeit gegeben haben und ihre Beiträge zur Verfügung gestellt haben. Dazu zählen Martin Maas und Michèle Schaub (Helvetia Versicherungen), Anne Bruysten (Pricewaterhouse-Coopers), Christopher A. Knieling (Bundesarbeitgeberverband Chemie), Nina Bernhammer und Michael Agricola (Volksbank Mittelhessen) und die Böllhoff Gruppe sowie dem HR-Experten Tim Verhoeven.

Aus Gründen der besseren Lesbarkeit verzichten wir auf die gleichzeitige Verwendung von weiblichen und männlichen Personenbezeichnungen wie „Mitarbeiterinnen und Mitarbeiter" und verwenden dort ausschließlich das generische Maskulinum. Entsprechende Begriffe gelten grundsätzlich für alle Geschlechter.

Michael Lorenz
Frank Nientiedt

Inhaltsverzeichnis

Über die Autoren

Michael Lorenz, Master of Science Informationsmanagement & Informationstechnologie an der Stiftung Universität Hildesheim. Nach Stationen im Bertelsmann-Konzern und bei Terradata, machte er sich 2018 selbständig und ist seither Gründer und geschäftsführender Gesellschafter der Social Media & Podcast Agentur KUNDENFOKUSSIERT GmbH, Mitglied und Prüfer beim Bundesverband Community Management (BVCM), Business Mentor für Startup Teens, Host mehrerer Podcasts (unter anderem bei der Wirtschaftsförderung Bielefeld) und seit 2019 Lehrbeauftragter für Content & Online Marketing an der Fachhochschule des Mittelstands.
Kontakt: michael@kundenfokussiert.de

Frank Nientiedt, Abschluss als Diplom-Kaufmann des Studiengangs Wirtschafts- und Sozialwissenschaften an der Universität Dortmund. Seit 2002 bei der Böllhoff Gruppe in verschiedenen Leitungspositionen im Bereich Marketing/ Vertrieb und seit 2019 Leiter des Bereichs Employer Branding und Recruiting. Langjähriger Juryvorsitzender beim Marketing Club OWL.
Kontakt: franknientiedt@googlemail.com

Employer Branding

1

Das erste Kapitel bildet die Basis für die weiter folgenden Kapitel, die einen Blick auf die ersten drei Phasen der Candidate Journey werfen. Wir beginnen mit einer praxisnahen Definition und erläutern welche Bedeutung und welchen Umfang Employer Branding hat. Anhand von sechs Faktoren zeigen wir auf, warum die Attraktivität als Arbeitgeber in Zukunft massiv an Bedeutung gewinnen muss und warum Employer Branding der Treibstoff ist, um unternehmerisch aufgrund der Arbeiterlosigkeit nicht unter die Räder zu kommen. Wir gehen abschließend auf die wesentlichen Ziele des Employer Branding ein und stellen die sechs Phasen der Candidate Journey und ihre Verbindung zum Employer Branding vor.

1.1 Definition Employer Branding

Es gibt sehr unterschiedliche, aber keine eindeutige Definition von Employer Branding. Dennoch ist es sehr wichtig eine Definition zu nutzen, damit alle am Employer Branding Beteiligten in einem Unternehmen ein möglichst gleiches gemeinsames Verständnis davon haben.

Professor Dr. Jan Lies definiert Employer Branding folgendermaßen:

> „Aufbau und Pflege von Unternehmen als Arbeitgebermarke"[…], mit dem Ziel „sich gegenüber Mitarbeitern und möglichen Bewerbern als attraktiver Arbeitgeber zu positionieren, um so einen Beitrag zur Mitarbeitergewinnung und -bindung zu leisten." (Lies 2021).

© Der/die Autor(en), exklusiv lizenziert an Springer-Verlag GmbH, DE, ein Teil von Springer Nature 2023
M. Lorenz und F. Nientiedt, *Digitales Recruiting entlang der Candidate Journey*, essentials, https://doi.org/10.1007/978-3-662-68096-4_1

Diese Definition halten wir für sehr passend, da sie die wichtigsten Aspekte des Employer Branding enthält:

- Im Fokus steht die Attraktivität als Arbeitgeber. Diese gilt es zu verstehen und strategisch sinnvoll weiterzuentwickeln. Es geht darum, die Bedürfnisse der Mitarbeiter und Bewerber zu kennen und passgenaue Angebote dafür anzubieten.
- Es gibt zwei Zielgruppen, die beide gleichermaßen wichtig sind: Potenzielle und bestehende Mitarbeiter.
- Es gibt auch zwei Zielsetzungen: Nach außen als attraktiver Arbeitgeber bekannt zu sein und auch dauerhaft von den Mitarbeitern als solcher wahrgenommen zu werden.

Ein bedeutender Bestandteil des Employer Branding und unseres Buches ist das Social (Media) Recruiting. Daher stellen wir an dieser Stelle das Social Recruiting vor und ordnen es ein. Social Recruiting beinhaltet verschiedene Maßnahmen für einen effizienten Recruitingprozess und zur Steigerung der Arbeitgeberattraktivität. Im Wesentlichen lassen sich vier Bereiche unterscheiden (Haufe 2023):

- Positive Beeinflussung der Arbeitgebermarke (Employer Branding)
- Zielgruppenspezifisches Ausspielen von Stellenanzeigen (Targeting)
- Direkte Ansprache von Kandidaten auf allen Social-Media-Kanälen (Active Sourcing)
- Suche nach zusätzlichen Informationen zu potenziellen Kandidaten (Personalauswahl)

Die zunehmende Bedeutung von Employer Branding

Employer Branding ist in allen Unternehmen gegenwärtig und findet täglich statt. Mitarbeiter sind mal mehr oder weniger zufrieden; ebenso Bewerber, je nachdem wie der Bewerbungsprozess verläuft und ob er am Ende zu der gewünschten Anstellung führt. Sowohl Mitarbeiter als auch Bewerber kommunizieren ihrer Familie, ihren Freunden und auch in den sozialen Medien Positives und auch Negatives über das Unternehmen. Daher halten wir es für sehr wichtig, dass Heft selbst in die Hand zu nehmen und Employer Branding aktiv zu betreiben. Die Bedeutung von Employer Branding hat in den letzten Jahren stark zugenommen. Dies ist auf viele Faktoren zurückzuführen. Im Folgenden erläutern wir die aus unserer Sicht wichtigsten:

1. Der demografische Wandel in der Gesellschaft führt zu einem zunehmenden Arbeitskräftemangel, der heute bereits in vielen Bereichen (zum Beispiel Finanz- und Technologiesektor, Pflege, Logistik) sichtbar ist. Die geburtenstarken Jahrgänge gehen in den nächsten Jahren in den Ruhestand und die Gesamtzahl der Arbeitnehmer reduziert sich dadurch weiter (Dettmers 2022, S. 67 ff.). Es wird daher immer wichtiger, Unternehmen als attraktive Arbeitgeber noch bekannter zu machen und sich von anderen Arbeitgebern abzuheben, um potenzielle Mitarbeiter gewinnen und freie Stellen überhaupt besetzen zu können.

2. Die Mitarbeiter wechseln immer häufiger den Arbeitsplatz. Je besser der Arbeitsmarkt und je niedriger die Arbeitslosenquote, desto wahrscheinlicher ist es, dass die Arbeitnehmer den Sprung in einen anderen Job wagen (Haufe 2023). Nicht besetzte Stellen aufgrund von Fluktuation verursachen Kosten, durch die nicht erbrachte Leistung an dieser Stelle, belasten die direkten Arbeitskollegen und führen zu Recruiting- und Einarbeitungskosten. Je qualifizierter die zu besetzende Stelle ist, desto länger dauert es durchschnittlich, diese wieder zu besetzen und jemanden einzuarbeiten.

3. Die Arbeitswelt hat sich durch die Corona-Pandemie nachhaltig verändert. Der Beweis, dass produktive Arbeit auch von zu Hause aus möglich ist, wurde über einen langen Zeitraum erbracht. Arbeitnehmer haben die Vorteile des Homeoffice schätzen gelernt und Arbeitgeber haben die Voraussetzungen dafür geschaffen. Daher erwarten Arbeitnehmer seitdem von ihrem Arbeitgeber mehr Flexibilität beim Arbeitsort und bei den Arbeitszeiten. Auf diese Veränderungen müssen Arbeitgeber bestmöglich reagieren und den Mitarbeitern passgenaue Lösungen anbieten.

4. Der Generationswechsel in der Belegschaft macht eine Anpassung der Arbeitsmethoden notwendig und bringt einen Wandel der Arbeitskultur mit sich. Die Generation Y strebt eine „Work-Life-Vermischung" an. Die Regelung von privaten Angelegenheiten soll während der Arbeitszeit erlaubt sein, aber gleichzeitig ist man auch bereit, bei Bedarf in der Freizeit zu arbeiten. Die Generation Z unterscheidet stärker zwischen Beruf und Privatleben. Feste Grenzen und klare Strukturen sind wieder gefragt. Diesen Wandel muss man als Arbeitgeber erkennen und sich weiterentwickeln, um als Arbeitgeber für die jüngeren Generationen auch in Zukunft infrage zu kommen.

5. Der Einfluss von sozialen Netzwerken für Employer Branding hat in den letzten Jahren deutlich zugenommen. Dieser Trend wird sich fortsetzen und bietet viele Möglichkeiten, mit den Zielgruppen zu kommunizieren und Unternehmen als attraktiven Arbeitgeber zu präsentieren. Jedes Unternehmen ist direkt oder

indirekt auch über Mitarbeiter, Bewerber, Kunden in den sozialen Medien vertreten. Dies sollte nicht dem Zufall überlassen werden, sondern sehr systematisch
erfolgen, indem man selbst aktiv ist.
6. Die Anzahl der Bewerbungen auf offene Stellen ist rückläufig (Rassek 2021).
Dabei nimmt die Anzahl unpassender Bewerbungen zu. Die Kosten für Stellenanzeigen steigen, ohne kausal die Erfolgschancen auf den geeigneten Kandidaten
zu erhöhen. Kandidaten verhalten sich unverbindlicher, ziehen ihr Bewerbungs-
angebot im Bewerbungsprozess oder kurz vor Vertragsschluss zurück, um doch
bei ihrem aktuellen Arbeitgeber zu bleiben oder zu einem anderen, attraktiveren
Unternehmen zu wechseln oder sind plötzlich unauffindbar (Job-Ghosting).

1.2   Ziele des Employer Branding

Das Employer Branding hat zwei wesentliche, übergeordnete Zielsetzungen und
Wirkrichtungen:

1. Ein attraktiver Arbeitgeber für die Mitarbeiter

Es ist wichtig den Mitarbeitern die Möglichkeit zu bieten, Stolz und Identifika-
tion für das Unternehmen entwickeln zu können. Je attraktiver ein Unternehmen
für die Mitarbeiter ist, desto geringer ist die Fluktuation. Es geht darum, Mitarbeitende langfristig an das Unternehmen zu binden. Die Arbeitgeber, die mehr zu
bieten haben als nur den Lohn für die Arbeit am Monatsende, haben daher eine
geringere Fluktuationsrate. Wenn es dem Arbeitgeber gelingt, die Erwartungen
der Mitarbeiter nachhaltig zu erfüllen, werden sich diese mit dem Unternehmen dauerhaft identifizieren, positiv darüber sprechen und als Arbeitgeber
weiterempfehlen.

2. Die Bekanntheit als attraktiver Arbeitgeber für Bewerber

Je bekannter ein Unternehmen und je besser der Ruf auch als Arbeitgeber ist,
desto leichter fällt es, neue Mitarbeiter zu finden. Nur wenige Unternehmen, wie
beispielsweise die DAX-Unternehmen sind national und international, aufgrund
ihrer Größe und ihrer Produkte, jedem bekannt. Diesen Vorteil haben mittlere und
kleine Unternehmen eher selten. Selbst die Hidden Champions sind oftmals über
die eigene Stadt hinaus als Arbeitgeber nicht bekannt; daher auch die Bezeich-
nung dieser Unternehmen. Selbst wenn diese Unternehmen mehrere tausend

Kunden haben, so fehlen die in der Öffentlichkeit bekannten Produkte, die mit dem Unternehmen in Verbindung gebracht werden. Umso wichtiger ist eine klare Strategie verbunden mit den richtigen und kontinuierlichen Kommunikationsmaßnahmen, um die Arbeitgebermarke bei möglichst vielen potenziellen Bewerbern positiv bekannt zu machen. Eine starke Arbeitgebermarke führt zu einem höheren Bekanntheitsgrad und einer höheren Attraktivität bei Bewerbern. Der Wunsch für das Unternehmen zu arbeiten steigt. Eine mögliche Wechselschwelle ist niedriger. Dadurch steigen die Quantität und die Qualität der Bewerbungen. Die Besetzung vakanter oder neuer Stellen gelingt einfacher und mit einer höheren Passung zwischen dem Anforderungsprofil der Stelle und den Kompetenzen und Fähigkeiten der Bewerber. Ein attraktiver und bekannter Arbeitgeber erhält auch mehr und qualifizierte Bewerbungen für vakante Stellen, mehr Initiativbewerbungen und mehr Anfragen für Praktika sowie Bachelor- und Masterarbeiten. Dadurch steigt die Möglichkeit, Stellen schnell und qualifiziert zu besetzen. Darüber hinaus reduziert sich der interne Arbeitsaufwand und die Kosten für die Stellenanzeigen.

1.3 Employer Branding entlang der Candidate Journey

Die Candidate Journey umfasst den gesamten Prozess eines Bewerbers eine Arbeitsstelle zu finden bis hin zur Bindung an das Unternehmen. Innerhalb der verschiedenen Phasen der Candiate Journey haben Bewerber zahlreiche Berührungspunkte mit ihrem potenziellen Arbeitgeber. Diese Erfahrungen werden als Candidate Experiences bezeichnet. Sie zeigen die Begeisterungs- und Frustrationsfaktoren der Bewerber während des gesamten Bewerbungsverlaufs über sämtliche Touchpoints mit dem Unternehmen auf. Es wird insgesamt zwischen sechs unterschiedlichen Phasen innerhalb der Candidate Journey unterschieden (siehe Abb. 1.1).

1. Phase Anziehung

Die erste Phase der Candidate Journey umfasst sämtliche Maßnahmen, Kanäle und Veranstaltungen, um auf das Unternehmen als attraktiven Arbeitgeber aufmerksam zu machen. Ein potenzieller Bewerber erfährt durch eine Stellenanzeige, in den unterschiedlichen Social-Media-Kanälen oder durch eine Empfehlung eines Arbeitnehmers, über eine vakante Position.

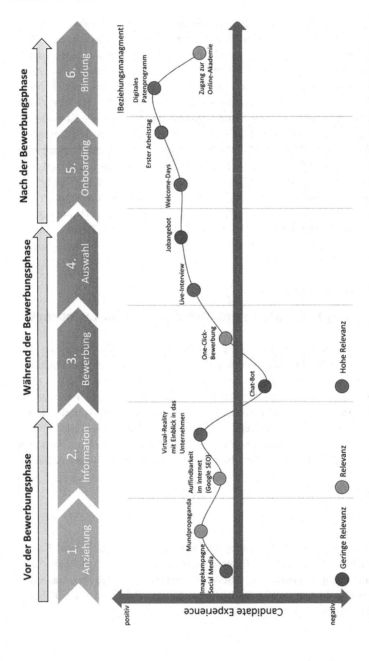

Abb. 1.1 Typische Phasen einer Candidate Journey mit Touchpoints nach Relevanz. (Aus Reuter und Junge (2020, S. 644); mit freund-licher Genehmigung von © Springer Fachmedien Wiesbaden GmbH 2020. All Rights Reserved)

2. Phase Information

Hat das Unternehmen das Interesse des potenziellen Bewerbers geweckt, wird dieser weitere Informationen über den möglichen Arbeitgeber einholen. Die Unternehmenswebseite, insbesondere die Karriereseite, die Social-Media-Kanäle, Bewertungsportale, (Video-) Blogs und immer mehr auch Podcasts gehören hier zu den wichtigsten Quellen.

3. Phase Bewerbung

Nachdem der Bewerber eine positive Einschätzung zum Unternehmen gewinnen konnte, beginnt der Bewerbungsprozess. Die Übermittlungsformen der Bewerbungsunterlagen können über sehr unterschiedliche Wege erfolgen. Als Ergänzung zum klassischen Anschreiben inklusive eines tabellarischen Lebenslaufs gewinnen unterschiedliche Kurzformen der Bewerbung (One-Click-Bewerbung, WhatsApp-Bewerbung, Bewerbung mit LinkedIn-/XING-Profil) immer mehr an Bedeutung.

4. Phase Auswahl

Zur Auswahlphase gehören die Bearbeitung der eingegangenen Bewerbung, Vorstellungsgespräche, unterschiedliche Auswahlverfahren und die gesamte Kommunikation in diesem Prozess. In dieser Phase vergleichen auch die Bewerber die unterschiedlichen Arbeitgeber miteinander.

5. Phase Onboarding

Das Onboarding dient der Integration des neuen Mitarbeiters in das Unternehmen. Der Prozess beinhaltet die Einführung in die Unternehmenskultur, die Einarbeitung, das Kennenlernen der Arbeitsabläufe und die Schulung spezifischer Kenntnisse zur Wahrnehmung der Aufgaben. Ein positiver und optimierter Onboarding-Prozess ist von entscheidender Bedeutung, insbesondere auch für die Bindung ans Unternehmen.

6. Phase Bindung

Die sechste Phase in der Candidate Journey dient dem Zweck, Mitarbeiter langfristig an das Unternehmen zu binden. Auch wenn der erste Arbeitstag hier als wichtiger Meilenstein gilt, so ist es empfehlenswert, den Kontakt bis zum ersten Tag aufrecht zu halten und den neuen Mitarbeitern bereits im Vorfeld alle relevanten Informationen zur Verfügung zu stellen. Insbesondere die ersten Wochen entscheiden darüber, ob sich Mitarbeiter langfristig ans Unternehmen binden.

Zusammenfassend lässt sich festhalten: „(…) eine als positiv erlebte Candidate Journey ist eine sehr kluge langfristige Investition in Ihre Arbeitgebermarke mit einem hohen Return on Investment. Die Erfahrung zeigt, dass die wirklich erfolgreichen Employer Brands es deutlich besser schaffen, mit einem innovativen Mix aus Information und Unterhaltung auf unterschiedlichsten, miteinander harmonierenden und sich gegenseitig ergänzenden wie verstärkenden Kanälen, ihre Kandidaten und künftigen Mitarbeiter emotional für sich zu begeistern." (Dannhäuser 2019, S. 641).

▶ **Tipps**

- Employer Branding ist eine strategische Aufgabe, die als Projekt gestartet werden kann, dann aber in einen kontinuierlichen Prozess überführt werden sollte.
- Employer Branding sollte top-down mit dem Commitment der Unternehmensleitung beginnen. Der Auftrag für Employer Branding sollte immer mit klaren Zielvorgaben einhergehen und auch mit genügend personellen und finanziellen Ressourcen ausgestattet sein.
- Es gibt sehr viele Touchpoints entlang der gesamten Candidate Journey. Diese gilt es zu analysieren, zu priorisieren und ständig weiterzuentwickeln.
- Employer Branding ist eine Teamaufgabe. Es braucht so viele interne Multiplikatoren wie möglich, um Veränderungen im Unternehmen sichtbar und erlebbar zu machen.
- Die Erkenntnisse aus regelmäßige Mitarbeiterbefragungen und Bewerberinterviews liefern wertvolle Insights für Verbesserungspotenziale der Candidate Experience.

Candidate Journey: 1. Phase „Anziehung"

2

Im ersten Kapitel haben wir die einzelnen Phasen der Candidate Journey kurz vorgestellt. In der ersten Phase geht es darum, dass sich Unternehmen als attraktive Arbeitgeber darstellen und die Aufmerksamkeit von qualifizierten Bewerbern gewinnen. Es gibt in dieser Phase viele Möglichkeiten, die Unternehmen nutzen können. Mögliche und etablierte Touchpoints sind Stellenanzeigen in Jobbörsen oder immer noch in Printmedien, Jobmessen und Arbeitgeberportale. Auf diese Maßnahmen möchten wir in diesem Buch nicht näher eingehen, da es hierüber schon viele gute Quellen gibt. Wir fokussieren uns vielmehr auf die Maßnahmen, die sich noch nicht zum Standard in der Anziehungsphase entwickelt haben, die aber schon nachweislich erfolgreich eingesetzt werden. Dies sind Mitarbeiterempfehlungsprogramme, Corporate Influencer, externe Influencer und Social Media Advertising.

2.1 Mitarbeiterempfehlungsprogramme

Die Idee, dass Mitarbeiter Verwandte, Freunde und Bekannte für das eigene Unternehmen empfehlen, ist nicht neu. Zahlreiche Unternehmen haben bereits seit vielen Jahren ein systematisches Programm für die Mitarbeiterempfehlungen etabliert. Sechs von zehn Unternehmen mit über 1000 Beschäftigten nutzen bereits ein Mitarbeiterempfehlungsprogramm (Weitzel et al. 2020).

Mitarbeiterempfehlungsprogramme bieten viele Vorteile (Haufe 2023):

M. Lorenz und F. Nientiedt, *Digitales Recruiting entlang der Candidate Journey*, essentials, https://doi.org/10.1007/978-3-662-68096-4_2

1. Schnelligkeit: Vakante Stellen können schneller besetzt werden, da die Bewerbung aufgrund einer Empfehlung direkt bearbeitet werden kann und die Sichtung und Selektion vieler Bewerbungen zum Beispiel nach einer Stellenausschreibung entfällt. Somit kann das Vorstellungsgespräch deutlich schneller erfolgen und im besten Fall die Stelle kurz nach ihrer Ausschreibung durch nur eine oder sehr wenige Bewerbungen besetzt werden.

2. Kosteneffizienz: Personalbeschaffungsmaßnahmen in Form von Stellenanzeigen oder durch Personalberater sind kostenintensiv. Demgegenüber stehen Prämien für die Mitarbeiter, die in den meisten Fällen günstiger sind.

3. Kultureller Fit: Durch Empfehlungen wird das Risiko von Fehleinstellungen verringert, da die aus dem Verwandten- und Freundeskreis stammenden Bewerber eine gute kulturelle Eignung haben und mit hoher Wahrscheinlichkeit zum Unternehmen passen. Die Bewerberqualität steigt. Nachweislich haben so eingestellte Mitarbeiter auch eine deutlich höhere Verweildauer im Unternehmen. Die Fluktuation wird dadurch geringer.

4. Authentizität: Mitarbeiterempfehlungen transportieren die Werte und Vorteile des Unternehmens auf eine sehr authentische und glaubwürdige Art und Weise. Mitarbeiter treten bei Weiterempfehlungen auch als Markenbotschafter auf, stärken dadurch die Arbeitgebermarke und erhöhen den Bekanntheitsgrad.

5. Reichweite: Das Teilen der Stellen auf den eigenen sozialen Plattformen der Mitarbeiter hat eine hohe Reichweite. Unternehmen können ein Vielfaches der Anzahl der eigenen Mitarbeiter an potenziellen Kandidaten über die sozialen Netzwerke erreichen. Auch dies zahlt neben der Chance der Stellenbesetzung positiv auf die Arbeitgebermarke ein.

Aufgrund der Vorteile ist es erstaunlich, dass immer noch nicht alle Unternehmen Mitarbeiterempfehlungsprogramme anbieten. Dies hat mehrere Ursachen. In vielen Unternehmen wird die Bedeutung von Mitarbeiterempfehlungsprogrammen noch unterschätzt beziehungsweise sind die Vorteile nicht bekannt. Viele Unternehmen sehen in der Einführung auch eine Hürde aufgrund des fehlenden Know-hows oder mangelnder Ressourcen.

Wie Unternehmen Mitarbeiterempfehlungsprogramme umsetzen, verdeutlicht eine Benchmark-Studie von Radancy, die 2022 erschienen ist und in der 400 Unternehmen unterschiedlicher Größe aus der ganzen Welt befragt wurden. Die vertretenen Branchen reichen von Tourismus und Gastgewerbe über Informationstechnologie bis hin zu Gesundheitswesen und Pharmazeutik.

„Nur knapp 16 % der befragten Unternehmen verwenden ein digitales Mitarbeiterempfehlungsprogramm, mit dem sie ihren administrativen Aufwand reduzieren und den Erfolg des Programms messen können. 55 % der Unternehmen verwalten ihre Empfehlungen über das Bewerbermanagementsystem, 45 % nutzen hierfür E-Mails, 20 % setzen ein schriftliches Formular ein und zwölf Prozent organisieren die Empfehlungen über das Intranet" (Haufe 2023).

Die Benchmark-Studie von Radancy bestätigt die genannten Vorteile der Mitarbeiterempfehlungsprogramme. „69 % der Befragten geben an, dass die Qualität der durch Mitarbeitende empfohlenen Kandidaten sehr hoch oder hoch ist. Den größten Erfolg erzielen Mitarbeiterempfehlungsprogramme bei erfahrenen Fachkräften (81 %). Danach folgen Hochschulabsolventen und Trainees mit 23 % und an dritter Stelle Auszubildende mit 17 %. An vierter und fünfter Stelle stehen mit 13 % die Führungskräfte und mit 12 % Praktikanten" (Haufe 2023).

Zusammenfassend lässt sich festhalten, dass Mitarbeiterempfehlungsprogramme eine sehr sinnvolle Ergänzung zu allen anderen Formen der Personalakquise sind und sich für alle Unternehmen anbietet.

▶ **Tipps**

1. Wir empfehlen für ein Mitarbeiterempfehlungsprogramm ein Tool (App oder Integration in die HR-Software). Das hat den Vorteil, dass die Mitarbeiter die Stellen sehr einfach und über alle Kanäle teilen können und sich der Aufwand für die HR-Abteilungen in Grenzen hält. Die Dienstleister, die digitale Lösungen anbieten, haben auch viel Erfahrung bei der Einführung eines Mitarbeiterempfehlungsprogramms. Dies ermöglicht eine schnelle Implementierung ohne lange Vorlaufzeiten.

2. Die Anzahl der Mitarbeiterempfehlungen hängt sehr von der Art und der Höhe der Prämien ab. Die Mehrheit der Prämien beträgt zwischen 501 bis 1000 €, es werden aber auch immer häufiger Prämien zwischen 1001 und 2000 € gezahlt (Radancy 2022). Neben den monetären Prämien empfehlen sich auch Sachprämien zum Beispiel in Form von Hotel-, Wellness- und Erlebnisgutscheinen oder zusätzliche Urlaubstage, weil darüber häufiger gesprochen wird als über die Geldprämien. Dies führt zu einer höheren Aufmerksamkeit des Mitarbeiterempfehlungsprogramms und dadurch auch zu mehr Empfehlungen.

3. Die meisten Unternehmen zahlen Prämien auf einmal aus, die Hälfte von ihnen erst nach sechs Monaten (Radancy 2022). Dabei hat der Mitarbeiter, der die Empfehlung ausspricht, seine Aufgabe damit erfüllt, dass er die Stelle geteilt hat und sich ein guter

Kandidat beworben hat. Danach liegt die Entscheidung bei dem Fachvorgesetzten und der Personalabteilung. Wir empfehlen daher die Prämie möglichst früh, nämlich im Folgemonat nach dem Start des neuen Mitarbeiters, auszuzahlen oder zumindest aufzusplitten, das heißt einen Teil nach dem Start und einen Teil spätestens nach der Probezeit auszuzahlen.

2.2 Corporate Influencer

Mitarbeiter, die regelmäßig öffentlichkeitswirksam für ihren Arbeitgeber auftreten, sind Corporate Influencer. Jedes Unternehmen hat bereits Corporate Influencer. Sie wirken nach innen und insbesondere nach außen, selbst wenn Corporate Influencer als Begriff noch weniger bekannt ist. Die Kommunikation erfolgt dabei über persönliche und Corporate Kanäle. Die Authentizität und Reichweite des Mitarbeiters strahlt auf das Unternehmen ab – eine Win–win Situation. Die Kernidee von Corporate Influencern ist es, ein authentisches Bild des eigenen Arbeitgebers zu vermitteln. Dazu gehören Aspekte wie Unternehmenskultur, Arbeitsbedingungen, Weiterbildungsmöglichkeiten, Work-Life-Balance und nicht zuletzt Einblicke in den Arbeitsalltag beziehungsweise hinter die Kulissen. Dies stellt eine sinnvolle Ergänzung für die meisten Unternehmen zu den häufig eher informativen und sachlichen gehaltenen Karriereseiten dar.

Es geht also explizit nicht um bezahlte Kooperationen mit externen Influencern. Stattdessen handelt es sich um Mitarbeiter, die

- öffentlich auftreten,
- auf Social Media über das Unternehmen oder
- seine Produkte beziehungsweise Dienstleistungen sprechen oder
- von der Öffentlichkeit damit in Verbindung gebracht werden.

Rund um den Begriff Corporate Influencer existieren auch in der Fachliteratur weitere unterschiedliche Begrifflichkeiten und zahlreiche Synonyme. Daher möchten wir diese der Vollständigkeit halber kurz aufgreifen und unser Verständnis bezüglich der Begrifflichkeit erläutern. Markenbotschafter sind Personen, wiedererkennbare Gesichter, welche für das entsprechende Unternehmen stehen und deren Werte und Botschaften nach außen vertreten. Dies kann in physischer Form, aber auch in den digitalen Medien bei Facebook, LinkedIn und Co. oder beispielsweise in einem Blog geschehen. Der Begriff Markenbotschafter bezieht sich dabei nicht automatisch auf unternehmensinterne Personen (Hoffmann 2020, S. 36 f.).

Corporate Influencer sind unternehmensinterne Markenbotschafter. Wie beim Influencer Marketing geht es darum, Sichtbarkeit, Reichweite und Glaubwürdigkeit mittels Markenbotschaftern über die sozialen Kanäle zu erzielen. Jedoch reicht das Thema Corporate Influencer weit über Werbung und Marketing hinaus und zielt darauf ab, eher langfristige als kurzfristige Bindungen zu den Zielgruppen zu generieren und zu fördern.

Es gibt noch weitere Synonyme wie Brand Ambassador und Brand Evangelist, im Folgenden wird jedoch immer der Begriff „Corporate Influencer" genutzt.

Jeff Bezos bekanntes Zitat über Personal Branding *„Your brand is what other people say about you when you're not in the room"* trifft auch auf Corporate Influencer zu. Das Wort eines Mitarbeiters – ob im persönlichen Gespräch oder digital – beispielsweise in Form eines Visuals sorgt für eine hohe Wirksamkeit der Botschaft auf den Corporate Kanälen. Durch die authentische und vertrauenswürdige Wirkung auf Bewerber handelt es sich um einen wichtigen Eckpfeiler für jedes Employer Branding. Michael Rassow-Kolodzeyski, Abteilungsleiter und Corporate Influencer bei der Hays AG, bringt es in einem Interview auf den Punkt: „Menschen erfahren generell lieber Content von anderen Menschen. Denn Hochglanzbroschüren kann jedes Unternehmen machen, wobei dahinter relativ wenig Glaubwürdigkeit steckt. Dementsprechend kann man als Corporate Influencer die eigene Reichweite nutzen, um die Marken und diese Markenbotschaft – vom eigenen Unternehmen natürlich – unter den Followern und auf Social Media zu verbreiten." (KUNDENFOKUSSIERT 2023).

Soziale Medien transportieren die Inhalte an die Zielgruppen persönlicher und vielfältiger als analoge Medien. Durch die Nahbarkeit zum Mitarbeiter beziehungsweise Markenbotschafter entsteht eine schnellere und tiefere Bindung zum Unternehmen – gleichzeitig werden die Corporate Influencer enger an das eigene Unternehmen gebunden. Die Einbindung der aktuellen Belegschaft wirkt über die gesamte Candidate Journey, speziell in den ersten zwei Phasen „Anziehung" und „Information" und erzeugt wiederum durch mehrere Multiplikatoren – die Corporate Influencer – mehr Reichweite als ein reiner Corporate Kanal.

Magdalena Rogl (Head of Digital Channels) von Microsoft Deutschland und Stephanie Tönjes (Corporate Communications) von der Deutschen Telekom gelten als Paradebeispiele von Corporate Influencern. Beide haben jeweils die Reichweite eines Micro Influencers und teilen einen Mix aus privaten und arbeitsbezogenen Themen auf ihren Social-Media-Kanälen.

Für Cawa Younosi von SAP interessieren sich sogar knapp 100.000 Follower auf LinkedIn dafür, wie HR bei SAP gelebt wird. Denn genau das tut der Global

Head of People Experience: Er gibt Einblicke in seinen Arbeitsalltag und nimmt Stellung zu aktuellen HR-Themen wie beispielsweise der Vier-Tage-Woche. Wenngleich zahlreiche Personalchefs von mittelständischen und vor allem DAX-Unternehmen über einen LinkedIn-Profil verfügen, veröffentlichen nur wenige regelmäßig interne Einblicke und ihre Meinungen.

Als Unternehmen machen insbesondere OTTO und IKEA von sich reden, wenn es um Corporate Influencer geht. OTTO hat ein Jobbotschafter-Programm aufgesetzt und zählt circa 200 Mitarbeiter als Corporate Influencer, welche in sechs unterschiedlichen Bereichen und Schwerpunkten eingesetzt werden. IKEA hat ein anders Konzept gewählt: In der YouTube-Video-Reihe „Tipps und Tricks" stehen Mitarbeiter selbst vor der Kamera. Um dem Channel „ein authentisches Gesicht zu verleihen, setzen wir auf unsere eigenen Mitarbeiter", erklärt die Verantwortliche Annette Wolfstein. Mittlerweile wurden dort 77 Videos veröffentlicht, die zum Teil bis zu 285.000 Aufrufe pro Video verzeichnen.

▶ **Tipps**

- Wertschätzung für die Extrameile: Corporate Influencer ist in den allermeisten Fällen eine Zusatzrolle, die ein Mitarbeiter freiwillig einnimmt. Die meisten Mitarbeiter freuen sich über umfangreiche Hilfestellungen, wenig Vorgaben (Stichwort Authentizität) und eine Incentivierung in Form von zusätzlichen Benefits bis zu monetären Anreizen. Geht mal etwas schief (wir meinen keinen harten Verstoß gegen die Werte des Unternehmens), sollte mit Nachsicht reagiert werden, da dies sonst das vorzeitige Ende dieser Extrameile bedeuten kann.
- Regelmäßiger Wissenstransfer: Die Basis für einen professionellen Auftritt – auch im Sinne des Unternehmens – sind sowohl die Social-Media-Guideline als auch eine initiale Schulung des betreffenden Social-Media-Kanals und Austauschformate unter den Corporate Influencern.
- In größeren Unternehmenskontexten beziehungsweise beim Einsatz von sehr vielen Corporate Influencern, empfehlen wir, eine Person als „Klassensprecher" zu etablieren. Dieser Mitarbeiter ist primärer Ansprechpartner seitens des Unternehmens und gleichzeitig Vertreter der Corporate Influencer. Hat jemand zum Beispiel Schwierigkeiten mit dem Social-Media-Kanal oder erhält einen kritischen Kommentar zu seinem Post, dann wird diese Person kontaktiert. Bei der Hays AG werden sogar zwei Programmleiter für die

Corporate Influencer Initiative eingesetzt, die zudem auch für die Redaktion, Bereitstellung des Contents und Auswertungen zuständig sind. (KUNDENFOKUSSIERT 2023).

- Auch die Aktivitäten von Corporate Influencern sollten ausgewertet werden. Neben klassischen KPIs bietet sich der Social Selling Index (SSI) auf LinkedIn an.

2.3 Externe Influencer

Unter Influencer Marketing verstehen wir die Planung, Steuerung und Kontrolle des gezielten Einsatzes von Social-Media-Meinungsführern und Multiplikatoren, um durch deren Empfehlungen die Wertigkeit von Markenbotschaften zu steigern und das Kaufverhalten der Zielgruppe positiv zu beeinflussen (Deges 2018).

Fällt der Begriff Influencer, denkt man häufig zuerst an jene Personen, die insbesondere auf Instagram, TikTok, YouTube und eventuell Twitch über B2C-Produkte von Unternehmen sprechen. Dieser Markt ist auch in Deutschland stark wachsend; die Werbeausgaben werden für 2024 auf über 600 Mio. prognostiziert (Janson 2021). Uns ist wichtig, auch Meinungsführer einer Branche als Influencer und dabei auch LinkedIn als relevanten Kanal für HR-Themen zu verstehen. Die passenden Aussagen eines Meinungsführers im B2B kann erhebliche Auswirkungen haben.

Influencer zeichnen sich durch ihre relativ hohe Reichweite (im B2B müssen es quantitativ bei weitem keine Zehntausende sein) und Glaubwürdigkeit bei ihren Followern aus. Sie bauen über regelmäßige Interaktion auf ihren Social-Media-Accounts eine Bindung zu den Followern beziehungsweise der Community auf. Je höher das Vertrauen in die Influencer, desto stärker ist die positive Beeinflussung der Zielgruppen zugunsten eines Unternehmens.

Influencer können, müssen aber keine Prominenten sein. Dies gilt hier mehr denn je: Entscheidend ist die Relevanz der Reichweite. Zudem beeinflusst die Anzahl Follower – und damit die potenzielle Reichweite – die Kosten der Zusammenarbeit ganz wesentlich. Daher kann ein Micro Influencer (10.000 bis 50.000 Follower) für die jeweiligen Ziele bestens geeignet sein. Außerdem haben diese nicht selten eine noch stärkere Bindung zu ihren Fans als sehr bekannte Influencer.

Aus Sicht eines Unternehmens geht es darum, mit einem Influencer zu kooperieren, der die relevante Zielgruppe erreicht und mit den Werten des Unternehmens harmoniert. Im positiven Fall können externe Influencer die Werte und Botschaften des Unternehmens vermitteln und gleichzeitig authentisch bleiben. In einer passenden, möglichst langfristigen Kooperation kann die Bekanntheit und das positive Image des Unternehmens gesteigert werden. Davon handelt auch unser Best Practice über den Bundesarbeitgeberverband Chemie. Hier wird deutlich, dass externe HR-Influencer – in diesem Fall Tobias Jost – auch beim Social Recruiting eine wichtige Rolle einnehmen und potenzielle Bewerber auf die Chemie-Branche aufmerksam machen können.

▶ **Tipps**

- Neben Zielen, Budget und Laufzeit ist bereits vorab zur Erfolgsmessung zwischen Influencer und Unternehmen eine Vereinbarung zu treffen. Vor einer möglichen Zusammenarbeit ist es zu empfehlen, von potenziellen Influencern eine Einsicht in bestimmte Kennzahlen, wie beispielsweise durchschnittliche Story-Views, Interaktionsrate und Conversion-Rate (bei Instagram sind das die Insights), anzufordern.
- Zwei bis drei Tage nach Veröffentlichung des Contents – spätestens jedoch nach Abschluss der Kampagne – sollte der Influencer die dazugehörigen Insights zur Verfügung stellen. Dabei ist es wichtig auch die Wertigkeit der Interaktionen mit den Followern zu überprüfen.
- Den Influencern sollten beim Content viele Freiräume gelassen und wenig Vorgaben gemacht werden. Die Influencer kennen ihre Zielgruppen am besten und kann am besten einschätzen, was in welcher Form bei seiner Community ankommt.
- Beiträge von Influencern sind im Zweifel als Werbung zu kennzeichnen. Damit werden die Spielregeln der Kanäle eingehalten und der Influencer bleibt gegenüber seinen Followern glaubwürdig. Die Kennzeichnungspflicht gilt dann, wenn eine Gegenleistung (zum Beispiel Überlassung des Testgegenstands) erfolgt – auch für Privatpersonen und Micro Influencer.

2.4 Best Practice des Bundesarbeitgeberverbandes Chemie

Der Bundesarbeitgeberverband Chemie (BAVC) ist seit 2012 mit der Ausbildungskampagne „Elementare Vielfalt" (ElVi) aktiv und wurde für sein Engagement bereits mehrfach ausgezeichnet, unter anderem mit dem HR Excellence Award und dem Deutschen Preis für Online-Kommunikation. Die Branche bietet jährlich über 9000 neue Ausbildungsplätze in über 50 Berufen an.

Christopher Knieling verantwortet als Programmleiter Nachwuchsmarketing des BAVC die Strategie und die operative Ausgestaltung der Kampagne seit ihrer Entstehung. Wir sprachen mit ihm zum Social-Media-Marketing, insbesondere zur Kooperation mit Tobias Jost (alias „Der Karriereguru"), dem reichweitenstärksten Karriere- Creator und HR-Influencer in Deutschland.

1. Herr Knieling, welches Mindset brauchen Arbeitgeber, um Social Media erfolgreich im Ausbildungsmarketing zu nutzen?

Neugier, Mut – aber vor allem die Bereitschaft, sich zu verändern. Denn die Bedürfnisse der Schüler*innen wie auch die Anforderungen der sozialen Netzwerke wandeln sich schnell. Während viele von uns noch ins Internet „gehen", lebt die junge Generation darin. Die „always-on"-Mentalität und der Konsum von Medieninhalten primär über das Smartphone bedeutet für das Ausbildungsmarketing: Konsequente Umsetzung einer Mobile-First-Strategie, Gestaltung einer attraktiven Candidate Journey, emotionale Ansprache, kurze und verständliche Informationen, authentische Botschafter – all das sind wichtige Erfolgsfaktoren.

2. Sie haben mit Ihrer Branchen-Kampagne schon früh auf Social Media gesetzt. Was hat den Ausschlag dafür gegeben? Nach welchen Kriterien wählen Sie die Plattformen aus?

Soziale Netzwerke sind ein relevanter Touch-Point in der Candidate Journey. Sie spielen eine wichtige Rolle, wenn Arbeitgeber ihre Ausbildungsangebote in einem für Jugendliche attraktiven Ökosystem präsentieren wollen. Gerade während der Corona-Pandemie hat es sich als strategischer Vorteil erwiesen, dass wir schon früh auf Social-Media-Marketing gesetzt haben. Bei der Auswahl der Plattformen schauen wir neben der Wachstumsdynamik und der Zahl der aktiven Nutzer*innen auch auf die verfügbaren Formate und Targeting-Optionen. Gerade YouTube, Instagram und TikTok bieten mit Videos, Reels, Shorts oder Live-Sessions gute Möglichkeiten für zielgruppengerechtes Story- Telling und andere Maßnahmen des Employer Branding. Gleichzeitig verfügen diese Netzwerke über eine stetig wachsende Creator-Community, was neue Chancen für Kooperationen eröffnet.

3. **Ihre Kooperation mit Tobias Jost auf TikTok wurde im Jahr 2021 mit dem Deutschen Preis für Onlinekommunikation ausgezeichnet. Wie kamen Sie auf TikTok und welche Ziele verfolgen Sie auf der Plattform?**

Mit Beiträgen auf TikTok sind wir im Jahr 2020 gestartet, also mitten in der Corona-Pandemie. Damals waren wir alle gefordert, neue und vor allem digitale Wege für die Bewerberansprache zu finden. TikTok war zu dieser Zeit hauptsächlich für Lip-Sync-Aufnahmen und Tanzvideos mit Transition-Effekten bekannt. Für uns als eher konservative Branche kein einfaches Terrain, um unsere Ausbildungsthemen und Botschaften zu platzieren. Trotzdem haben wir uns davon nicht entmutigen lassen und uns nach vorne gewagt. Durch ein Hashtag-Monitoring sind wir auf die Videos und den TikTok-Kanal von Tobias Jost (alias „Der Karriereguru") aufmerksam worden. Nach einem persönlichen Austausch wurde schnell klar, dass wir gemeinsame Ziele verfolgen und eine Kooperation aufbauen können.

So steht der Karriereguru in der TikTok-Community für Expertise, Vertrauen und Leidenschaft, wenn es um Karriere und berufliche Orientierung geht. Dies verbinden wir mit unserem Branchen-Knowhow sowie den digitalen Angeboten unserer Kampagne, wie dem Ausbildungsfinder oder dem 360°-Ausbildungsquiz. Heraus kommen Videos in Sprache und Form der Zielgruppe, die neugierig machen: Gibt es Tinder für Ausbildungsberufe? Was sagt dein Ordnungssinn über dein berufliches Talent aus? Wer sorgt eigentlich dafür, dass Kohlensäure in die Flasche kommt? Unsere Videos unterhalten und regen zum Diskutieren an, stiften Sinn und geben Antworten, zum Beispiel zur Nachhaltigkeit von Berufen oder zu den Vorzügen der Chemie-Branche als Arbeitgeber.

4. **Wie sieht die Zusammenarbeit mit Tobias Jost konkret aus und wie entstehen die Inhalte?**

Die Inhalte ergeben sich aus den Bedürfnissen der Zielgruppe und den Anforderungen unserer Unternehmen. Die Video-Skripte entwickeln Tobias und ich in gemeinsamen „Kreativ-Sessions". Die Herausforderung besteht darin, unsere Themen und Botschaften in eine authentische Story von 15 bis 60 Sekunden zu übersetzen. Hier kommt es einerseits darauf an, Sprache und Tonalität der Zielgruppe zu treffen. Andererseits müssen wir die Brücke schlagen zwischen der

Lebenswirklichkeit der aktuellen Schülergeneration und der beruflichen Realität in den Unternehmen. Gerade bei der Vorstellung von Ausbildungsberufen ist uns wichtig, dass wir Jugendlichen eine Erzählung an die Hand geben, mit deren Hilfe sie in ihrer Peer-Group reüssieren können. Hier geht es vor allem um Sinn, Zukunftsorientierung und soziale Anerkennung der beruflichen Tätigkeit.

5. **Wo werden Ihre Videos veröffentlicht und woran messen Sie deren Erfolg in Social Media?**

Die Videos werden primär in den Kanälen des Karriereguru veröffentlicht, teilweise auch als Co-Creation oder als zusätzliche Auskopplung in unseren eigenen Kanälen. Relevant sind für uns diese Kennzahlen: Views, Watchtime/Re-watches, Shares/Markierungen, Engagement (Likes/Kommentare), Link- Klicks sowie die Anzahl der gespeicherten Beiträge. Über alle Social-Media- Kanäle erreichen unsere Videos mit dem Karriereguru bereits weit über 1 Mio. Views und eine Watch-Time von mehr als 3000 h.

6. **Sie haben vor Tobias Jost auch schon mit Mai Thi Nguyen-Kim zusammengearbeitet. Wie entscheidend sind Ihrer Meinung nach Kooperationen für den Erfolg auf Social Media? Auf welche Aspekte sollten Unternehmen bei der Auswahl von Influencern achten?**

Die Zusammenarbeit mit Influencern ist ein wichtiger Baustein unserer Social-Media-Strategie. Bei der Auswahl steht für uns allerdings nicht die Reichweite des Creators im Vordergrund, sondern die inhaltliche Passung mit unserer Kampagne. Dies ist für uns der zentrale Anker für Glaubwürdigkeit und authentische Kommunikation. Bei Mai Thi Nguyen-Kim war ihre naturwissenschaftliche Expertise und Begeisterung für das Fach „Chemie" ausschlaggebend. Mit ihr konnten wir MINT-affine Jugendliche ansprechen, die sich meist für ein Studium entscheiden und duale Ausbildungsberufe der Chemie-Branche nur selten in Betracht ziehen. Bei Tobias Jost fokussieren wir uns hingegen auf seine Rolle als Ratgeber und Karriere-Coach.

Beide Influencer passen jeweils auf ihre Art zu den Zielen unserer Kampagne, nämlich die Berufsorientierung von Jugendlichen voranzubringen und für die Ausbildungsberufe der Chemie-Branche zu begeistern. Neben dem inhaltlichen Matching ist uns wichtig, dass wir mit unseren Creatoren auf direktem Weg zusammenarbeiten können. Wir setzen auf langjährige Kooperationen und den persönlichen Austausch; Inhalte und Formate gestalten wir partnerschaftlich. Dies erfordert Knowhow und ein entsprechendes Zeitinvestment, zahlt sich aber bei der Qualität und Passgenauigkeit der Ergebnisse aus. Vielleicht ist dies auch eines der Erfolgsgeheimnisse, mit denen wir uns von anderen Influencer-Kooperationen unterscheiden.

2.5 Social Media Advertising

Regelmäßige, organische Beiträge auf den Kanälen sind die Grundlage für erfolgreiches Social-Media-Marketing. Sie dienen primär dazu, der Bindung zu den bestehenden Followern zu festigen. Natürlich können aber einzelne Beiträge auch außerhalb der existierenden Followern eine hohe Sichtbarkeit erzeugen. Ein Beitrag wird vielfach weitergeleitet, landet im Explore-Tab bei Instagram oder wird auf LinkedIn häufig kommentiert oder gar geteilt. Die Regel ist das jedoch nicht – meistens können Unternehmen von einer natürlichen Viralität eines Posts nur träumen.

Eine Antwort darauf sind Werbeanzeigen (Ads). Damit können Menschen aus den gewünschten Zielgruppen erreicht werden – auch außerhalb des persönlichen Netzwerks beziehungsweise über die bestehenden Follower des Accounts hinaus. Dazu zählen auch (potenzielle) Bewerber für ein Unternehmen. Mit Social Media Advertising wird bezahlte Werbung eingesetzt, um – bleiben wir bei dem Ziel – bestimmte Zielgruppen auf einen bestimmten Job beziehungsweise eine Stellenausschreibung oder das dazugehörige Unternehmen aufmerksam zu machen. Nach unserem Verständnis ist Advertising damit eine von mehreren Maßnahmen des Social Recruitings.

Unternehmen nehmen zunehmend mehr Geld für Social-Media-Anzeigen in die Hand. In Europa ist der Umsatz seit 2017 um circa 50 % auf etwa 11 Mrd. Euro gestiegen. In Europa und auch global haben mobile Ads deutlich mehr Bedeutung als das Pendant am Desktop (Loesche 2018). YouTube und die Karrierenetzwerke spielen weiterhin auch am Desktop eine Rolle.

Es lassen sich zwei grundsätzliche Arten der Anzeigenschaltung differenzieren. Es steht auf fast allen Social-Media-Kanälen ein Kampagnenmanager zur Verfügung. Das ist ein Modul innerhalb des Kanals zum Setup, Verwalten, Ausspielen, Monitoring und Analyse von Anzeigen. Der richtige Einsatz des Targetings, das heißt die Auswahl beziehungsweise Eingrenzung der zu erreichenden Personen anhand von zahlreichen Kriterien, entscheidet über den Erfolg einer Anzeige. Dieses Vorgehen ist nicht auf allen Kanälen selbsterklärend und durchaus zeitintensiv – gleichwohl sehr wirksam, wenn es um gezielten, meist noch nicht ausgespielten Content für bestimmte Zielgruppen geht.

Dem gegenüber steht die Möglichkeit, bereits veröffentlichte Beiträge und Stories zu bewerben (manche Kanäle sprechen hierbei von hervorheben). Dafür kann eine Zielgruppe definiert werden. Die möglichen Kriterien sind jedoch begrenzt – wodurch höhere Streuverluste einkalkuliert werden müssen. Die Aktivierung einer solchen Anzeige ist innerhalb von Minuten erledigt.

Das grundsätzliche Vorgehen ist auf den Social-Media-Kanälen gleich: Kampagnenziel, Targeting, Anzeigenformat, Budget und Zeitplan sowie der Call-to-action beziehungsweise Absprungpunkt, zum Beispiel auf eine Landingpage.

Vor der Anzeigenplanung ist es empfehlenswert sich zunächst bewusst zu machen, in welcher Phase der Candidate Journey die Anzeigen ausgespielt werden. Denn die Ziele des Advertisings auf Social Media sind vielfältig: Angefangen bei der Brand Awareness und Reichweite über Traffic und Engagement wie zum Beispiel Klicks bis hin zur Generierung von Leads beziehungsweise geeigneten Kandidaten oder anderen Formen der Conversion. Die Auswahl der Ziele betrifft die grafische und textuelle Darstellung der Anzeige.

▶ **Tipps**

- Nach unserer Erfahrung braucht eine geschaltete Anzeige etwa fünf bis sieben Tage bis sie gut performt. Daher setzen wir zu Beginn ein geringes Budget ein und entscheiden dann über eine Anpassung der Anzeige oder eine Erhöhung des Budgets.
- Erfahrungsgemäß erzielt das Anzeigenformat der Single Image Ad bei LinkedIn die größte Reichweite. Der Klickpreis ist mit 10–15 € vergleichsweise hoch. Generell ist die Anzeigenschaltung auf LinkedIn teurer geworden. Ein sinnvolles Ad-Budget liegt nicht selten bei mindestens 1000 €. Gleichzeitig besteht ein hohes Potenzial hochwertige Kontakte beziehungsweise Leads (auch in B2B-Zielgruppen) zu erreichen. Auf Instagram haben wir bisher die größten Erfolge über Story Ads erzielt – und das zum Teil für wenige Euro pro Klick.
- Bei jeder wichtigen Anzeige ist ein A/B-Test unerlässlich, um zum Beispiel unterschiedliche Formate oder Darstellungen gegeneinander zu verproben. Bei LinkedIn gibt es dazu eine Einschränkung: Je Kampagne kann nur ein Format gewählt werden. Sollen zwei Formate getestet werden, muss eine zweite Kampagne angelegt werden.
- Auf Facebook und Instagram machen wir gute Erfahrungen damit, den organisch erfolgreichsten Post des Monats beziehungsweise

der Woche zu bewerben. Dabei reichen auf diesen Kanälen schon kleinere Beträge von insgesamt 50 bis 100 € über wenige Tage bis hin zu einer Woche Laufzeit.

- Mit der Lookalike Audience können neue Zielgruppen erreicht werden, die den bestehenden Followern und Besuchern der Webseite ähnlich sind. Das ist ein echtes „Killerfeature" für das Targeting, da die Plattform das Ausspielen an möglichst ähnliche Zielgruppen übernimmt. Eine Abstimmung zur DSGVO-konformen Vorgehensweise mit dem zuständigen Datenschutzbeauftragtem ist ratsam.

Candidate Journey: 2. Phase „Information"

3

In der zweiten Phase der Candidate Journey geht es darum, dass sich potenzielle Bewerber über ihren möglichen neuen Arbeitgeber informieren und sich auf Basis dieser Informationen für oder gegen eine Bewerbung entscheiden. Wir gehen in diesem Kapitel auf die Unternehmens-Karriereseite, Arbeitgeberbewertungsportale, die Social-Media-Kanäle und Content-Marketing-Formate ein. Die zweite Phase der Candidate Journey bietet zahlreiche Möglichkeiten der Kommunikation. Daher ist es auch in unserem Buch das umfangreichste Kapitel. Die drei Best Practices zu Instagram, TikTok und Podcasts geben Aufschluss darüber, wie auch noch nicht zum Standard gehörende Möglichkeiten, erfolgreich in die Praxis integriert werden können.

3.1 Karriereseite

Die Karriereseite hat eine hohe Bedeutung für das Employer Branding eines Unternehmens, die viele Unternehmen noch nicht im vollen Umfang nutzen. Der Fokus liegt dann eher auf externen Recruiting-Kanälen wie zum Beispiel Jobbörsen oder Social Media. Die Karriereseite wird als eine Möglichkeit betrachtet, Bewerber zu erreichen, aber nicht als zentrales Element. Auch kann es an mangelnden Ressourcen liegen, die eine Erstellung und Pflege einer guten Karriereseite erfordert.

© Der/die Autor(en), exklusiv lizenziert an Springer-Verlag GmbH, DE, ein Teil von Springer Nature 2023
M. Lorenz und F. Nientiedt, *Digitales Recruiting entlang der Candidate Journey*, essentials, https://doi.org/10.1007/978-3-662-68096-4_3

Zum zwölften Mal seit dem Jahr 2000 hat die Hochschule Rhein Main ermittelt, wie gut Unternehmen ihre eigenen Internetpräsenzen zur Gewinnung von Bewerbern einsetzen. Im Vergleich zur Untersuchung von 2019 waren Firmen in den Jahren 2020 und 2021 relativ wenig aktiv, was die Verbesserung der Karriereseiten anbelangt. Dies verwundert in den Zeiten des sich verschärfenden Fachkräftemangels und der Tatsache, dass die Karriereseiten so wichtig für die Recruiting-Aktivitäten sind.

Zunehmend starten die Aktivitäten der Bewerber zwar auf anderen Kanälen (Online-Stellenbörsen, Social Media, Suchmaschinen etc.), allerdings erfolgt in den meisten Fällen zu einem späteren Zeitpunkt immer ein Wechsel auf die Karriereseite eines Unternehmens. „Die unternehmenseigene Karriere-Website ist und bleibt der Dreh- und Angelpunkt im Personalmarketing und Recruiting" (Jäger et al. 2019).

Eingebettet in die Website des Unternehmens ist die Karriereseite sehr häufig, wenn auch nicht mehr die erste, dann aber auf jeden Fall die umfangreichste Quelle für potenzielle Bewerber. Eine gut gestaltete und informative Karriereseite gibt einen Einblick in die Kultur und die Werte des Unternehmens. Wichtig ist, dass die Darstellung glaubwürdig und authentisch ist. So können die Bewerber einen Check mit der Unternehmenskultur (Cultural Fit) vornehmen und erhalten alle relevanten Informationen, die sie für die Entscheidung für oder gegen eine Bewerbung benötigen. Das Ziel einer Karriereseite ist es, einen positiven Eindruck beim Bewerber zu erzeugen und sein Interesse an der Beschäftigung im Unternehmen zu wecken. Für den Fall, dass Bewerber feststellen, dass sie nicht zum Unternehmen passen, reduzieren sich dadurch nicht relevante Bewerbungen oder auch Vorstellungsgespräche zur Entlastung der Personalverantwortlichen.

Wie Unternehmen über ihre eigene Internetpräsenz erfolgreich Bewerber ansprechen und erreichen können, hat Henner Knabenreich in seinem Buch „Karriere- Websites mit Wow!-Effekt" (2019) zusammengefasst. Neben der Auffindbarkeit im Web, Usability und Design, Zielgruppenansprache oder Inhalten sind die Möglichkeiten für eine Online-Bewerbung, die Interaktion mit Bewerbern, die Traffic-Generierung und das Tracking wesentliche Erfolgsfaktoren. Sein Rat lautet: „Verfolgen Sie einen ‚candidate first'-Ansatz konsequent und machen Sie Ihre Benutzer glücklich, konvertieren [Sie] Ihre Benutzer in Bewerber und Sie werden die Früchte Ihrer Arbeit ernten können: Passende Bewerber, die sich gerne an die ‚Candidate Journey' auf Ihrer Karriere-Website erinnern." Darüber hinaus zahlt eine sehr gute gestaltete Karriereseite langfristig positiv auf die Attraktivität des Unternehmens als Arbeitgeber ein.

▶ **Tipps**

- Die Karriereseite hat weiterhin einen sehr hohen Stellenwert und bleibt die umfangreiste Informationsquelle für Bewerber. Daher gilt es bei allen anderen Personalmarketingmaßnahmen insbesondere diese regelmäßig weiterzuentwickeln.
- Wir empfehlen bei der Erstellung oder Überarbeitung der Karriereseite möglichst viele realistische Einblicke in das Unternehmen, die Arbeitsplätze und das Miteinander zu geben. Dazu bieten sich neben hochwertigen Bildern mit eigenen Mitarbeitern, insbesondere auch Videos von Mitarbeitern an den jeweiligen Arbeitsplätzen, Pausenräumen, Veranstaltungen etc. an. Authentischer und realistischer kann man sich als Arbeitgeber kaum präsentieren.
- Die Verknüpfung von der Karriereseite zu allen anderen genutzten Content-Formaten (LinkedIn, kununu, Instagram, Podcast, YouTube etc.) ist empfehlenswert.
- Im Bereich der Stellenanzeigen ist eine Suche mit sinnvollen Filtermöglichkeiten, zum Beispiel nach Zielgruppen (Schüler, Studenten, Berufseinsteiger, Berufserfahrene), nach Orten oder Aufgabengebieten, zwingend erforderlich, damit die passenden Stellen schnell gefunden werden können.
- Die Anzahl der abgefragten Informationen und Dokumente im Bewerbungsprozess sollte auf das absolute Mindestmaß reduziert werden, um den vorzeitigen Abbruch vor dem Absenden zu verhindern (siehe hierzu auch Kap. 4 Bewerbung).

3.2 Arbeitgeberbewertungsportale

„Wir sehen: Bewertungsportale sind zum Ort der Wahrheit für Kandidat:innen geworden, und zwar über die gesamte Prozesskette einer Bewerbung und Einstellung – begonnen bei der Arbeitgeberrecherche über das Vorstellungsgespräch bis hin zur Entscheidung, ob ein Arbeitsvertrag unterschrieben wird", sagt Professor Wolfgang Mayrhofer von der WU Wien (Trendence Institut 2022).

kununu ist im deutschsprachigen Raum das relevanteste Arbeitgeberbewertungsportal. Glassdoor gewinnt zwar an Bedeutung, spielt aber eher international eine Rolle. Die Reichweite dieser Portale ist enorm. Eine Studie der DRSP Group zu kununu ergab, dass die Plattform rund 7,5 Mio. Visits pro Monat hat (Czora 2020). Auf kununu finden sich 920.000 Unternehmen und 3.752.000 Bewertungen. Und auf Glassdoor sind aktuell rund 600.000 Unternehmen vertreten. Die Plattformen stellen eine wichtige Quelle im Bewerbungsprozess vieler Arbeitssuchenden dar. Laut einer Bitkom-Studie informieren sich 52 % aller Jobinteressenten vor der Bewerbung auf Arbeitgeberbewertungsportalen (Bitkom 2021). Inzwischen werden auch von Online-Jobportalen Verknüpfungen zu den Bewertungsportalen hergestellt. So wird dem Arbeitssuchenden sofort die Bewertung des Unternehmens angezeigt. Oft hat dies enormen Einfluss auf die Kandidaten, die bei zu vielen schlechten Kommentaren gegebenenfalls von einer Bewerbung absehen. Daher sollten Unternehmen auf jeden Fall Arbeitgeberbewertungsportale aktiv für sich nutzen.

Bewerber haben auf den Arbeitgeberbewertungsportalen die Möglichkeit, sich vorab über den potenziellen Arbeitgeber zu informieren. Dies geschieht zum einen über den Inhalt, den der Arbeitgeber dort einstellt und anderseits über die Bewertungen von Mitarbeitern, Bewerbern, Auszubildenden und ehemaligen Mitarbeitern. Die Bedeutung und der Nutzungsgrad der Arbeitgeberbewertungsportale haben im Zeitverlauf zugenommen und sind heute eine wichtige Entscheidungsquelle für die Berufswahl. Das belegt eine repräsentative Studie eines interuniversitären Forscherteams der Universität Innsbruck, der IMC Fachhochschule Krems und der Wirtschaftsuniversität Wien. Das HR-Marktforschungsunternehmen Trendence hat dafür mehr als 1600 Personen (Trendence Institut 2022) befragt, die sich in den vergangenen zwölf Monaten in mindestens einem Bewerbungsprozess befanden. Die Ergebnisse dieser Studie zeigen, dass vor allem Unternehmenswebsites und Arbeitgeberbewertungsportale genutzt werden, noch vor Social Media, Medienberichten oder dem Austausch in der Familie und mit Bekannten. Geht es um die Glaubwürdigkeit, rangiert das Arbeitgeberbewertungsportal gleich nach dem Austausch in der Familie oder mit Bekannten.

► **Tipps**

- Es wirkt sich positiv aus, wenn Unternehmen auf schlechte Bewertungen und Kritik antworten und individuell darauf eingehen. Als negativ gesehen wird es, wenn Unternehmen gar nicht oder unkonstruktiv antworten oder gar mit einer Klage drohen. Eine gute Erläuterung für eine Stellungnahme findet sich im Beitrag von Nikolaus Reuter und Carolin Junge „Multichannel User Experience Design" (2020) im Praxishandbuch Social Media Recruiting.

- Die Belegschaft sollte motiviert werden, authentische Bewertungen abzugeben. Der Impuls dazu sollte regelmäßig erfolgen, beispielsweise in Teambesprechungen, im Intranet, durch die Vorgesetzten, die eine Stelle zu besetzen haben, und nach einem erfolgreichen Onboarding. Auch Bewerber sollten gebeten werden eine Bewertung abzugeben. Von Fake-Bewertungen ist dringend abzuraten. Diese fallen schnell auf und lassen Bewerber an der Seriosität des Unternehmens zweifeln.

- Beiträge, die Äußerungen enthalten, die in erster Linie eine Herabwürdigung und/oder Diffamierung darstellen und nicht der sachlichen Auseinandersetzung dienen, Kommentare von nachprüfbaren Unwahrheiten und Verleumdung oder übler Nachrede können bei kununu gemeldet werden und führen erst einmal zu einer Deaktivierung der Bewertung. Sollte der Bewertende keine Anpassung vornehmen beziehungsweise keine Nachweise liefern können, bleibt die Bewertung dauerhaft entfernt.

Google Bewertungen

Die allermeisten Google Bewertungen werden von Kunden vorgenommen, die eine Dienstleistung in Anspruch genommen oder ein Produkt gekauft haben. Es wird das Unternehmen als Dienstleister, Produzent oder Lieferant bewertet. Mitarbeiter bewerten ihren Arbeitgeber bei Google Business eher selten. Die Bewertenden müssen sich bei Google mit ihrem Klarnamen registrieren. Dadurch steigt die Hürde einer Bewertung an. Die Bewertenden können eine Sternebewertung vergeben und optional einen Kommentar verfassen. Auch wenn die Arbeitgeberbewertungsportale eine mit Abstand höhere Bedeutung als Google Bewertungen haben, ist es dennoch sinnvoll, nicht nur für Kunden, sondern auch für Bewerber, das Google Unternehmensprofil (früher Google My Business) Profil zu optimieren. Wenn alle von Google gewünschten Informationen im Profil hinterlegt und ansprechende Bilder eingepflegt sind, wird das Unternehmen möglichst präzise und ansprechend bei Google gelistet und hinterlässt auch dort einen professionellen Eindruck bei Bewerbern.

3.3   Organisches Social Media

In einer Zeit, in der pro Minute hunderttausende Fotos auf Instagram geteilt, etwa ebenso viele Stunden Video Content auf YouTube läuft und mehrere Millionen Suchanfragen bei Google gestellt werden, erscheint es eine herausfordernde Aufgabe zu sein, mit Content im Internet aufzufallen. Dies gilt umso mehr, wenn es sich um Unternehmensaccounts handelt. Denn speziell im Social-Media-Bereich sind viele User primär wegen ihrer Freunde, ihren Familien, Influencern oder Prominenten anzutreffen.

Gleichzeitig ist es wichtig zu erkennen, dass es Accounts mit kommerziellen Absichten um die relevante Reichweite geht. Die absolute Anzahl der Follower sollte nicht an erster Stelle stehen, sondern vielmehr die jeweils relevanten Zielgruppen zu erreichen – wobei es sich auch um eine überschaubare Anzahl an Personen handeln kann. Generell bieten die organischen Social-Media-Inhalte zahlreiche Interaktionsmöglichkeiten mit täglichen Updates, wodurch sie sich wesentlich von Web- beziehungsweise Karriereseiten unterscheiden. Dieser Mix ist im Hinblick auf die zweite Stufe der Candidate Journey, die Informationsphase, relevant.

An der Anzahl aktiver Nutzer lässt sich erkennen, dass Facebook, YouTube, Instagram und TikTok die vier großen Social-Media-Kanäle sind. Alle haben über eine Milliarde regelmäßiger Anwender. Facebook ist mit über 2,5 Mrd. Nutzer weltweit nach wie vor der größte Social-Media-Kanal. So ist Facebook auch unter den deutschen Unternehmen weiterhin die am häufigsten eingesetzte Social-Media-Plattform (Social Media Examiner 2023, S. 13). Ist seine Bedeutung in der DACH-Region zwar gesunken (und sinkt kontinuierlich weiter), so bleibt Facebook besonders bei der Ansprache der Zielgruppen in der Altersklasse der über 40-jährigen in Deutschland weiterhin ein relevanter Kanal.

Auch Instagram wird älter, was sich am steigenden Nutzeralter deutlich zeigt. Insgesamt deckt Metas zweiter Social-Media-Kanal die meisten Altersgruppen in etwa gleichverteilt ab und ist der Kanal mit den meisten Unternehmensaccounts. Das liegt zum einen an der Vielfalt der Zielgruppen und zum anderen an der unübertroffenen Variabilität der unterschiedlichen Formate, in welchen Instagram anderen Social-Media-Kanälen voraus ist. Neben den regulären Bild-Posts steht das Kurzvideoformat Reels (max. 90 s Dauer) ebenso zur Verfügung wie die Stories (24 h sichtbar) und Live. Insbesondere die Stories bieten zahlreiche Interaktionselemente wie beispielsweise Quiz, Umfragen, Fragen (und Antworten).

Zur Komplettierung des Bildes sind XING und LinkedIn zu nennen. Die beiden Business Plattformen unterscheidet die weltweite Nutzung deutlich. Das überrascht jedoch wenig, denn XING war von Beginn an ein Social-Media-Kanal für Deutschland, Österreich und der Schweiz. In dieser Region sind beide mit etwa 19 Mio. regelmäßigen Nutzern in etwa gleichauf. Inzwischen muss man in der Vergangenheitsform von XING sprechen, denn die Social-Media-Komponente scheint nur noch ein Add-on zu sein. Seit Anfang 2023 vollzieht XING eine strategische Neuausrichtung zu einer Karriereplattform in Anlehnung an Step-Stone, Monster usw. In dem Zuge wurde die Gruppen-Funktion abgeschaltet und ebenso wurde der XING Eventmarkt eingestellt. Beides waren Funktionen, die zahlreiche Nutzer hatten und auf der Plattform gehalten haben. Nach der Deaktivierung beschleunigt sich die bereits länger andauernde Abwanderungsbewegung zu LinkedIn.

Im Vergleich zu XING ist LinkedIn eine stark interaktive Plattform mit zahlreichen Medientypen wie Video, Bilder, Texte, Umfragen (ein Tipp für viel Interaktion bei geringem Aufwand), Artikel, Gruppen, Events, Live und Audio Social. Die Hauptzielgruppe (38 %) sind Berufstätige zwischen 30–39 Jahren, demzufolge Personen mit Berufserfahrung (Lohmeier 2023). LinkedIn ist auch deswegen so interaktiv, weil der Algorithmus die Reaktion eines Users stets für einen Teil von dessen Kontakten sichtbar macht. Wenn ich zum Beispiel an einer Umfrage teilnehme, wird diese für einen Teil meines Netzwerks in der Timeline angezeigt. Das erzeugt Neugierde und erhöht die Wahrscheinlichkeit, dass eine Person mit der Umfrage beziehungsweise dem Verfasser des Posts interagiert, obwohl sie sich bisher unbekannt waren.

Neben einem Unternehmensaccount stehen einem Unternehmen darüber hinaus die folgenden Talent Solutions zur Verfügung:

- LinkedIn Karriereseiten ermöglichen mehr Angaben wie Unternehmenskultur, Karrierepfade, Jobbeschreibungen usw. als im kostenlosen Firmen-Account. Auch der Einsatz von weiteren Medien (Fotos und Videos) ist möglich, beispielsweise die Nutzung des Imagefilms eines Unternehmens. Darüber hinaus werden Analysen über die Arbeitgebermarke anhand der Karriereseite zur Verfügung gestellt.
- LinkedIn Jobs gleicht bei Stellenanzeigen Kriterien mit den Fähigkeiten, Erfahrungen und Zielen in den LinkedIn Profilen von Mitgliedern ab. Durch dieses personalisierte Targeting wird die Online-Stellenausschreibung geeigneten Talenten angezeigt, die sich somit leichter bewerben können. Außerdem können eingehende Bewerbungen geprüft und bewertet werden.
- LinkedIn Recruiter dient der Selektion und Ansprache von potenziellen Kandidaten (siehe Abschn. 4.2).

Auch die Zusammenarbeit mit Mitarbeitern aus dem eigenen Unternehmen im Sinne eines Corporate Influencer Programms lässt sich durch Funktionen wie den Creator Modus am persönlichen Profil gut umsetzen.

TikTok ist der Kanal mit dem stärksten Wachstum an Nutzern in den letzten Jahren und inzwischen mit der höchsten Screentime – nachweislich zumindest in USA und UK – noch vor YouTube (data.ai 2021). Das ist umso erstaunlicher, da es sich bei TikTok um eine Kurzvideo-Plattform mit maximaler Videolänge von drei Minuten handelt, die weniger Nutzer als YouTube hat. Mit der App des chinesischen Anbieters ByteDance erreichen Unternehmen vor allem die junge Generation, also potenzielle Auszubildene und Studenten. Es ist eine hohe Reichweite mit einzelnen Videos möglich – ohne dass zuvor viele Follower generiert werden müssen. Noch scheuen viele Unternehmen den Weg zu TikTok. Zum einen, weil der Aufwand für ein Video, welches die kleinste Einheit bei TikTok ist, relativ hoch ist. Zum anderen wegen des viel diskutierten Datenschutzes. So hat zum Beispiel die EU-Kommission ihren Beschäftigten die Nutzung von TikTok auf Geräten, die im Mobilgerätedienst der Kommission registriert sind, aufgrund von Sicherheitsbedenken verboten (Europäische Kommission 2023).

Twitter und Pinterest sind die beiden weiteren Kanäle mit einer signifikanten Nutzerzahl, jedoch Stand heute nicht für das Employer Branding relevant.

► **Tipps**

- Entscheidend beim organischen Social Media ist die Kontinuität, das regelmäßige Posten. Es ist zu empfehlen, regelmäßig und an festen Tagen zu posten.
- Die jeweiligen Eigenheiten und Möglichkeiten des Kanals sollten berücksichtigt werden. Es ist wichtig und sinnvoll für den Erfolg auf einem Kanal, die beliebten Formate und Medientypen einzusetzen. Ein Unternehmen mit einem Instagram-Account wird mit dem reinen Veröffentlichen von Bild-Posts weniger erfolgreich sein als Unternehmen, die auch regelmäßig auf Stories und Reels setzen.
- Das eigentliche Posten ist nur ein Teil des Arbeitsprozesses. Das Community Management, also der Umgang mit Kommentaren und Direktnachrichten macht einen weiteren Teil des organischen Social-Media-Marketings aus. Dieser Bereich wird von einigen Unternehmen, insbesondere zu Beginn, unterschätzt. Hier ist empfehlenswert diesen personell einzuplanen und für sehr negative Rückmeldungen bis hin zu einem Shitstorm eine Kommunikationsstrategie im Vorfeld abzustimmen.

3.4 Best Practice Instagram bei der Böllhoff Gruppe

Die Wilhelm Böllhoff GmbH & Co. KG wurde 1877 in Herdecke im Ruhrgebiet gegründet. Heute zählen zu dem familiengeführten Unternehmen 45 Standorte mit über 3300 Beschäftigten. Die Böllhoff Gruppe ist ein weltweit führendes Unternehmen in der Verbindungs- und Montagetechnik. Ob im Flugzeugtriebwerk, im Autochassis oder im Rasenmähroboter – Verbindungselemente von Böllhoff finden sich so gut wie überall.

Als Hidden Champion im B2B-Markt ist Böllhoff über die Grenzen der eigenen Niederlassungen hinaus als Ausbildungsbetrieb und Arbeitgeber wenig bekannt. Hinzu kommt, dass Böllhoff als Traditionsunternehmen in den jüngeren Zielgruppen stark mit anderen Unternehmen im Wettbewerb steht, die auf den ersten Blick möglicherweise attraktiver erscheinen.

Als Social-Media-Kanäle wurden bis 2019 ausschließlich LinkedIn und XING genutzt, um dort regelmäßig Informationen über das Unternehmen zu posten. Auf diesen beiden Kanälen sind Schüler jedoch so gut wie gar nicht vertreten und Studenten nur im geringen Maße (Lohmeier 2022). Instagram wurde bis dato nicht als Kommunikationskanal genutzt.

Dies änderte sich im Sommer 2019 als einige Auszubildende der Unternehmensleitung ihre Idee präsentieren, einen Instagram-Kanal für Böllhoff zu etablieren, bei dem die Auszubildenden selbst für den Content zuständig sind. Diese Idee habe ich, Frank Nientiedt, in meiner Funktion als Leiter Employer Branding und Recruiting aufgegriffen und gemeinsam mit den Auszubildenden eine Strategie für den Start von Instagram entwickelt.

Mit dem Content und der persönlichen Ansprache sollen sich insbesondere junge Bewerber wie Azubis, Werkstudenten und Berufseinsteiger angesprochen fühlen. Neben dem Erreichen der jüngeren Zielgruppen sollten mit Instagram durch persönlichere Einblicke in den Berufsalltag auch mehr Emotionen vermittelt werden.

Zum Start haben die Azubis zur Content Erstellung das neuste iPhone bekommen und waren so bestens für den bild- und videobasierten Social-Media-Kanal Instagram ausgestattet. Schnell wurde klar, dass eine gute Bildqualität allein nicht ausreicht. Die Posts waren zwar authentisch, gleichzeitig musste die Professionalität der Posts aber noch weiter erhöht werden. Privates Posten und der Betrieb eines Corporate Kanals sind als zwei gänzlich unterschiedliche Vorgehensweisen zu betrachten. Weitere fachliche Social-Media-Expertise war erforderlich, die Böllhoff intern selbst für den Kanal nicht abdecken konnte. So kam es dazu, dass wir, Frank Nientiedt und Michael Lorenz, uns kennengelernt haben und Böllhoff seitdem von Michael und seiner Agentur KUNDENFOKUSSIERT GmbH mit Social-Media-Kompetenz regelmäßig unterstützt wird.

Mit der Positionierung eines authentischen Employer Brandings war der Claim „Von Azubis für dich" schnell geboren und die Botschaft klar: Dieser Kanal wird von Auszubildenden des Unternehmens betrieben. Sie verfassen die Posts, antworten auf Kommentare und eingehende Nachrichten – genauso wie junge Menschen sich im Unternehmenskontext untereinander ausdrücken.

Für den Content wurden Themenkategorien festgelegt. Dazu wurden fünf Säulen für die Postings entwickelt und diese jeweils mit einer Gewichtung für ihre Präsenz auf Instagram versehen: Ausbildung (40 %), Events (20 %), Menschen (20 %), Unternehmen (10 %) und Produkte (10 %). Daraus ließ sich schnell ein initialer Redaktionsplan entwickeln – auch heute geben die fünf Säulen den Takt für die Postings vor. In einer gemeinsamen Messenger-Gruppe schlagen die Azubis seitdem wöchentlich zwei Posts vor. Die Auszubildenden erhalten von uns Feedback zu den Entwürfen. Dazu gehört unter anderem die Überprüfung von Überschriften, Hashtags, des Aufbaus und der Struktur sowie Rückmeldung zum visuellen Content. Durch diese regelmäßige Qualitätskontrolle vor der Veröffentlichung lernen die zuständigen Azubis sukzessive, wie wirksame Posts aufgebaut sind. Neben der Beratung und Unterstützung bei Posts werden außerdem monatliche Redaktionssitzungen abgehalten und Reportings erstellt, um Erkenntnisse für zukünftige Posts abzuleiten.

Für jeweils ein Jahr übernimmt eine Gruppe von Auszubildenden die gesamte Content Erstellung für den Instagram-Kanal **boellhoff.1877**. Über die Jahre hat sich herauskristallisiert, dass vier bis sechs Personen aus unterschiedlichen Ausbildungsbereichen am effizientesten zusammenarbeiten.

Die Followerzahlen haben sich seit der Einführung kontinuierlich weiterentwickelt. Der Kanal wuchs im dritten Jahr nach Start um 29 %. Die Interaktionszahlen sind mit durchschnitt circa 8,2 % in Relation zur Followeranzahl recht hoch (KUNDENFOKUSSIERT 2022). Einen großen Teil haben die persönlichen Vorstellungen vieler Mitarbeiter sowie die Einblicke in das Unternehmen und den Alltag der Azubis dazu beigetragen. Auch die Inhaber und das gesamte Management haben sich inzwischen aktiv an der Instagram Initiative beteiligt und vorgestellt. Wie sehr das die Arbeitgebermarke bereits gestärkt hat, merkt Böllhoff zum einen an dem hohen Interesse an der Belegschaft an den Posts und zum anderen dem weiterhin großen Erfolg passenden Nachwuchs für die offenen Stellen zu finden. In den Bewerbungsgesprächen mit Schülern, Werkstudenten und Berufseinsteigern ist der Instagram-Kanal häufig Gesprächsthema und liefert den Bewerbern bereits Antworten. So kann sich das Unternehmen über Instagram bereits in den frühen Phasen der Candidate Journey authentisch und nahbar präsentieren.

Abschließend fasse ich, Frank Nientiedt, die Einführung von Instagram wie folgt zusammen: Die Auszubildenden posten regelmäßig guten Content, es gibt viele positive Reaktionen und eine höhere Sichtbarkeit in den relevanten Zielgruppen sowie ein stetiges Follower-Wachstum ohne den Einsatz von hohem Ad-Budget. Zu den schönen Nebeneffekten gehören auch die digitale Kommunikation über Instagram, zum Beispiel mit der Wirtschaftsförderung, Messeveranstaltern, Partnern und weiteren Stakeholdern des Unternehmens.

▶ **Tipps**

- Es ist entscheidend, im Rahmen der Strategieentwicklung für Instagram die Zielgruppe klar zu definieren und die Inhalte darauf auszurichten. Eine Fokussierung auf Schüler, Auszubildende, Studenten – insbesondere wenn auch schon LinkedIn und XING bespielt werden – bietet viele Freiheitsgrade in der Kommunikation. So können ganz andere Inhalte geposted und noch dazu auf die Sprache und Tonalität der jungen Zielgruppe ausgerichtet werden.
- Die Wahl der Content-Ersteller hat einen unmittelbaren Einfluss auf die Bilder, das Wording und die Tonalität der Posts. Posts von Auszubildenden oder Mitarbeitern bieten dabei mehr Freiheitsgrade als Posts direkt aus der Unternehmenskommunikation.
- Auszubildende sind in der Regel mit Instagram vertraut und mit ein wenig Unterstützung gelingt auch das Posten im Unternehmenskontext. Wichtig sind eine gute technische Ausstattung und eine beratende Begleitung durch einen Verantwortlichen im Unternehmen und einer Social Media Agentur.

3.5   Best Practice TikTok der Volksbank Mittelhessen

Die Volksbank Mittelhessen eG ist eine eingetragene Genossenschaft mit knapp 200.000 Mitgliedern, hat ihren Sitz in Gießen und wurde im Jahr 1858 von Bürgern, Handwerkern und Kaufleuten gegründet. Seither ist sie kontinuierlich, auch durch Fusionen, zu einer der größten Genossenschaftsbanken in Deutschland gewachsen. Mehr als 1100 Mitarbeiter und 60 Auszubildende kümmern sich in 74 Geschäftsstellen um über 340.000 Kunden. Die Geschäftsbereiche umfassen das gesamte Spektrum an Finanzdienstleistungen mit Privat und Geschäftskunden. Die Volksbank Mittelhessen gehört mit etwa 21.500 Facebook- und 15.900 Instagram-Followern zu den erfolgreichen Volksbanken in den sozialen Medien. Beide Kanäle werden seit Jahren mit hohem Aufwand und Engagement vom Social-Media-Team der Volksbank Mittelhessen gepflegt. Die Ergebnisse werden eng kontrolliert und gesteuert.

Alle anderen Banken und Finanzdienstleister sind ebenfalls auf Facebook und Instagram erfolgreich vertreten, sodass hier eine weitere große Gewinnung von Followern nicht zu erwarten war. TikTok dagegen war ein weitgehend unbestelltes Feld. 2020 gab es nur eine Handvoll weiterer Banken, die schon auf TikTok aktiv waren. Selbst von den großen digitalaffinen Banken wie DiBa oder GLS fehlt noch jede Spur.

Ein Handy, vier Freiwillige und ganz viel Pioniergeist – so sah der Start im Jahr 2020 aus. Die Abteilung Vorstandstab der Volksbank hatte die Plattform bereits einige Zeit vorher als möglichen weiteren Kanal für eigene Inhalte beobachtet. Die Nutzerzahlen stiegen, die Plattform zog junge Leute magisch an. „Wir haben das dann einfach mal ausprobiert und geguckt, was passiert", erinnert sich Nina Bernhammer, Teamleiterin des Vorstandsstabs bei der Volksbank Mittelhessen. Um die junge Zielgruppe glaubwürdig erreichen zu können, war auch schnell klar, wer den Kanal betreiben sollte: die Azubis der Bank.

Bevor es losging, wurde unter den Auszubildenden ein Aufruf veröffentlicht. Gesucht wurden junge Menschen, die idealerweise bereits Erfahrung mit dem Medium mitbrachten. Es bewarben sich vier Auszubildende. Vorgaben und Einschränkungen wurden ausdrücklich nicht gemacht. Im Gegenteil: die TikTok-Aspiranten wurden ermutigt, ihrer Kreativität freien Lauf zu lassen.

Die Volksbank Mittelhessen hat zum Start genau das gemacht, wofür Tik-Tok im Jahr 2020 ausschließlich bekannt war. Auf TikTok waren lustige Playback-Videos zu sehen, bei denen es um Comedy und Unterhaltung ging. Lippensynchron, möglichst unterhaltsam und individuell „singen", tanzten oder spielten die TikToker eine Szene nach.

Die Folge waren tausende ähnlicher Videos, jedes Mal jedoch anders gestaltet und mehr oder weniger gut umgesetzt. Meist waren die bis zu 60-sekündigen Clips vollkommen sinnfrei und dennoch unterhaltsam. Seit selbst der Vorstand der Volksbank Mittelhessen in mehreren TikToks mitgespielt hat, war auch bankintern die anfängliche Skepsis mancher Mitarbeiter verflogen. Immer mehr Kolleginnen und Kollegen wollten selbst mitmachen. Das kommt auch bei den Kunden an: Regelmäßig werden die aktiven TikToker von Kunden oder sogar auf der

Straße angesprochen. Dabei ist das TikTok-Publikum überdurchschnittlich jung. Die Inhalte sprechen demnach eine Zielgruppe an, die über die klassischen Kanäle und Medien quasi unerreichbar geworden ist.

Da stellt sich die Frage: Welche Botschaften möchte die Volksbank über diesen Kanal transportieren? Diese finden auf einer weit entfernten Metaebene statt. Doch sie werden wahrgenommen. Die Anzahl der jugendlichen Zuschauer, die nach Ausbildungsplätzen oder Mitgliedschaften fragen, hat sich nachweislich erhöht. Fast alle Bewerberinnen und Bewerber geben an, dass sie über soziale Medien von der Volksbank und ihren Angeboten erfahren haben. Das gilt gerade auch für TikTok. Zwar wollen die TikTok-Nutzer vor allem unterhalten werden. Eine Mehrheit gibt aber in Umfragen auch an, dass sie durch TikTok Marken oder Produkte kennengelernt haben, an die sie vorher noch nie gedacht hatten. Das ist eine Chance gerade für Unternehmen, mit denen die Generation Z bislang kaum in Berührung gekommen ist.

Die Volksbank Mittelhessen ist seit Anfang Juni 2020 mit dem Account **vbmittelhessen** auf TikTok aktiv. Innerhalb von vier Wochen konnte eine Reichweite aufgebaut werden, die alle anderen klassischen und digitalen Kanäle schon deutlich übertrifft. Was auf den etablierten Kanälen Jahre dauerte, gelang auf TikTok innerhalb von vier Wochen. Mit einfachsten Mitteln konnte so eine Fanbasis von zuletzt knapp 42.600 Followern gewonnen werden. Zwei Videos der Volksbank Mittelhessen sind sogar „viral gegangen" und haben innerhalb kürzester Zeit die Grenze von einer Million Views geknackt.

„Je verrückter, desto besser – so könnte man die Inhalte auf TikTok zusammenfassen. Verrücktheit gehört zwar jetzt nicht unbedingt zu den Eigenschaften des klassischen Bankers. Wir bei der Volksbank Mittelhessen sind aber schon immer deutlich mutiger gewesen als andere. Und so waren wir uns schnell einig, dass wir das mit dem TikTok-Kanal ausprobieren wollen. Und wir haben es bis heute nicht bereut." (Nina Bernhammer, Teamleiterin des Vorstandsstabs bei der Volksbank Mittelhessen)

„TikTok ist das Medium der Generation Z und unsere große Chance, dieser interessanten Zielgruppe zu zeigen, dass eine regionale Genossenschaftsbank alles andere als verstaubt und altbacken ist." (Dr. Peter Hanker, Vorstandssprecher der Volksbank Mittelhessen)

Einer der Gründe, die gegen die Nutzung von TikTok angeführt werden, ist die Befürchtung eines Reputationsverlustes. Die Volksbank Mittelhessen hält das Risiko für kontrollierbar. Denn auf TikTok ist es normal, albern zu sein und Blödsinn zu produzieren. Bei der jungen Zielgruppe wirkt das nicht unseriös, sondern menschlich und sympathisch. Vielleicht mag die Befürchtung eines Reputationsverlustes in Bezug auf die ältere Zielgruppe sogar berechtigt sein. Es zeigt sich aber, dass der Mut zu Selbstironie in der Community sympathisch rüberkommt und auf das Image als junges, modernes Unternehmen einzahlt.

Es kann sein, dass Auszüge aus dem TikTok-Kanal bei der eigenen, aber eben deutlich älteren Facebook-Community bisweilen für ungläubiges Kopfschütteln sorgen. Doch diese zwei Welten berühren sich (derzeit) kaum. Was auf Facebook stattfindet, interessiert den TikTok-User nicht und vice versa.

Und wenn ein Post mal schief geht, ist das gerade auf dem schnellen TikTok nicht dramatisch. Der ist ruckzuck vom Smartphone-Display weggewischt und wieder vergessen. Was ist schlimm daran, wenn unter einem Post auch mal diskutiert wird, ob die Kontoführungsgebühr bei der Volksbank zu hoch oder die Mitarbeiter unfreundlich sind? Wirklich schlecht wäre nur eines: Wenn keiner mehr über sie spricht. Tatsächlich diskutieren die User miteinander und ergreifen zum Teil dann Partei für ihre Bank.

Das Beispiel der Volksbank Mittelhessen macht in jedem Fall Mut, neue Social-Media-Kanäle zu erschließen. Eine TikTok-Story muss nicht immer perfekt sein. Wichtig ist es aber, sich im Vorfeld in jedem Fall Gedanken zu machen, wie neue Kanäle in die gesamte Kommunikationsstrategie reinpassen, wer den Kanal betreut, regelmäßig für die Inhalte sorgen kann – und welche Zielgruppen man mit welchen Botschaften erreichen möchte.

3.6 Content Marketing

Content Marketing zeichnet sich durch informierende, beratende und unterhaltende Inhalte aus. Der Content kann emotional oder rational ausgeprägt sein. Produkte und Dienstleistungen stehen dabei kommunikativ im Hintergrund – erfolgreich ist, wer die Informationsbedürfnisse der Zielgruppe stillt (Uhl 2020, S. 34). Über den Nutzen wird Bindung und Vertrauen zu Kunden beziehungsweise Mitarbeitern und Kandidaten für freie Stellen aufgebaut, um mittelbar Umsatz zu generieren beziehungsweise neue Mitarbeiter für das Unternehmen zu gewinnen.

Die Ziele des Content Marketings sind

- Vertrauen durch regelmäßigen Content mit Mehrwert
- Aufbau eigener Kommunikationskanäle (Owned Media)
- Aufbau einer Marke/Autorität (Sichtbarkeit)
- Enge und langfristige Kundenbeziehungen beziehungsweise schnellere Abschlussquoten
- Aufbau einer Community

Unternehmen können zahlreiche Content-Marketing-Formate einsetzen, beispielsweise Blogartikel, Podcast, Videos, Webinare, Infografiken, Umfragen, Studien, Whitepaper, Ratgeber, E-Book. Mit Blick auf die frühe Phase der Candidate Journey gehen wir an dieser Stelle näher auf Blogartikel, Podcast und Videoformate ein.

Alle drei Formate bieten ein breites Spektrum an möglichen Themen. Mit Blick auf das Employer Branding kann dort unter anderem die Arbeitskultur dargestellt, die Geschichten des Unternehmens erzählt oder Einblicke in die Ausbildungsberufe gegeben werden. Im Idealfall kommen dabei sowohl HR-Verantwortliche zu Wort als auch aktuelle oder ehemalige Auszubildende.

Auch ist den drei Formaten gemein, dass sich potenzielle Bewerber in den ersten Phasen der Candidate Journey bereits ausführlicher mit dem Unternehmen auseinandersetzen können – zusätzlich zur Karriereseite. So wird das Interesse für das Unternehmen gesteigert und das Vertrauen in das Unternehmen erhöht.

Davon profitiert auch die aktuelle Belegschaft. Eine Zielgruppe, die oftmals zu Beginn nicht genannt wird und gleichwohl ebenso relevant ist. Im Best Practise der Firma Böllhoff stellen sich die aktuellen Mitarbeiter auch als aktive Follower des Instagram Contents heraus, der im Wesentlichen auf zukünftige Auszubildende ausgerichtet ist.

3.6.1 Blogs

Blogs gehören zu den Klassikern im Content Marketing. Mit dieser bewährten Methode werden primär textuelle Inhalte verbreitet. Blogartikel ermöglichen es Unternehmen, ihre Expertise – typischerweise zu einem bestimmten Themengebiet – zu präsentieren, um einen Expertenstatus auf- und auszubauen. Liegt der Blog auf der eigenen Webseite und nicht auf externen Plattformen (zum Beispiel medium), haben Blogartikel unter Berücksichtigung von SEO- (Search Engine Optimization) Aspekten, großes Potenzial zusätzlichen Traffic auf der Webseite zu erzeugen. Zum Teil findet das Verfassen von Artikeln auch auf Social-Media-Kanälen statt; entweder komplett oder als Teaser (mit Verlinkung zum Blog auf der Webseite). Insbesondere auf LinkedIn nehmen wir das zuletzt in Form von Postings stärker wahr und mit den Artikeln bietet LinkedIn ein entsprechendes Plattform-eigenes Format.

3.6.2   Podcast

Die Anfänge von Podcasts (setzt sich aus Apples iPod und Broadcast zusammen) liegen bereits fast zwei Jahrzehnte zurück. Der Hype um Podcasts begann jedoch erst vor wenigen Jahren und hat weiterhin viel Potenzial sich weiter auszubauen. Corona sorgte bereits für einen weiteren Aufschwung, bei Publishern, Hosts und Hörern. Im Vergleich zu YouTube und ähnlichen Anbietern handelt es sich bei Podcasts um ein passives Medium, was bedeutet die Nutzung erfolgt typischerweise nebenbei, zum Beispiel beim Auto- oder Bahnfahren oder Sport (RMS 2022).

Bisher haben viele Unternehmen dieses Medium für Employer Branding noch nicht im Einsatz, obwohl es ein Höchstmaß an Authentizität bietet. In kaum einem anderen Medium wird den Unternehmen, gegebenenfalls dem potenziellen Arbeitgeber, derart lange Aufmerksamkeit geschenkt. Podcasts sind sehr flexibel in Bezug auf Format, Länge und Zielgruppen. Die favorisierte Folgendauer beträgt 20 bis 30 min (Lohmeier 2023).

Die Einbindung von Podcast im Rahmen von Employer Branding bei PWC ist ausführlich im Best Practice im Abschn. 3,7 zu lesen. Weitere positive Beispiele sind unter anderem der „Audi Mitarbeiter-Podcast" und „Dr. Wolff Inside". Auch die Böllhoff Gruppe setzt seit diesem Jahr auf Podcast zur Stärkung des Employer Brandings und speziell des Azubi-Marketings. Das Besondere an dem Böllhoff Podcast „Insider" ist, dass Laura Jakub, Auszubildende im zweiten Lehrjahr, als Moderatorin mit Mitarbeitern im Unternehmen spricht.

Der Vollständigkeit halber sei an dieser Stelle Audio Social erwähnt. Anders als Podcast, können die Zuhörer hier zu aktiven Akteuren werden und sich in das Gespräch einbringen. Erstmals mit der Clubhouse App im Jahre 2021 Bekanntheit erlangt, ist es inzwischen ein fester Bestandteil bei Twitter (Spaces) und LinkedIn (LinkedIn Audio).

3.6.3   Video-Blogs

Video-Blogs, kurz V-Logs, bieten Unternehmen die Möglichkeit hochwertige und ansprechende Video-Inhalte zu veröffentlichen. Zu den etablierten Plattformen gehören YouTube und Vimeo; für Live-Streaming ist Twitch zu nennen (der Schwerpunkt hier ist Gaming). Durch die große Nutzerschaft der Video-Plattformen können Unternehmen ihre Inhalte einem breiten Publikum zugänglich machen. Der Konsum der Videos ist aktiv, die Nutzer konzentrieren sich demzufolge auf das Bewegtbild. Inzwischen hat sich das Shorts-Format auf YouTube etabliert – Googles Antwort auf die beliebten Kurzvideos von TikTok und Instagram (Reels).

▶ **Tipps**

- Content Marketing-Formate sollen miteinander vernetzen werden. Es lässt sich so zu jeder neuen Podcastfolge, mit wenig Aufwand ein (kurzer) Blogartikel formulieren, da ohnehin eine Folgenbeschreibung erstellt werden muss. Die Podcastfolge sollte im Blogartikel immer verlinkt werden und umgekehrt genauso.
- Suchmaschinen mögen frischen Content auf der Web- und Karriereseite. Denn mit quantitativ mehr sowie neuen Unterseiten wird die gesamte Website von Suchmaschinen als relevanter bewertet und führt zu einem höheren Ranking bei Suchanfragen.
- Ebenso relevant ist die Nutzung von SEO-Praktiken bei den Content-Marketing-Formaten. Für die Auffindbarkeit auf den Plattformen (die selbst als Suchmaschinen betrachtet werden können) und in klassischen Suchmaschinen sind geeignete Keywords zu verwenden.
- Als Hype-Kanal für Content Marketing sollten Podcasts auch für Employer Branding in Betracht gezogen werden. Die Setupkosten liegen auch mit einer hochwertigen Ausstattung im niedrigen vierstelligen Bereich und auch der Betrieb ist relativ günstig.

3.7   Best Practice Podcast bei PricewaterhouseCoopers

PricewaterhouseCoopers GmbH Wirtschaftsprüfungsgesellschaft, kurz PwC, ist eine der größten Wirtschaftsprüfungs- und Beratungsgesellschaft weltweit. Für die PwC in Deutschland arbeiten über 12.000 Mitarbeitende, primär am Hauptsitz in Frankfurt und in München.

Das erklärte Ziel von PwC Deutschland war und ist es, sich als attraktiver Arbeitgeber zu positionieren, das Image zu verbessern und sich vom Wettbewerb zu differenzieren. Denn zum Zeitpunkt des Podcast-Launches verfügte kein Wettbewerber über einen eigenen Podcast mit dem Schwerpunkt Karriere beziehungsweise Employer Branding.

Im Juli 2020 startete der **„Versprochen." Podcast** von PwC und ist auf allen gängigen Streamingplattformen zu finden. Das Medium war zuvor bereits intern evaluiert worden; die Corona-Pandemie führte zum finalen Startschuss. Zum Launch des Podcasts war Anne Bruysten der Host des Formats. Als damalige Senior Associate im Employer Branding bei PwC verlieh sie dem Podcast ihre Stimme und sprach in den ersten 28 Folgen mit Mitarbeitenden aus dem Unternehmen über ein übergeordnetes fachliches Thema, das den Interviewgast bewegt. Genauso intensiv wurde beleuchtet, wie sie zu PwC gekommen sind, wie ihr Karrierepfad bis dato verlaufen ist, was sie an ihrer Arbeit schätzen und an welchen Projekten sie arbeiten. Dadurch erlangte man Einblicke in das Miteinander bei PwC. Seit Beginn 2023 hat Anne Bruysten, bedingt durch einen internen Wechsel bei PwC in die HR- Beratung, das Hosting des Podcasts an ihre Kollegin Hannah Bergmann übergeben, die das Format seither mit gleicher Leidenschaft leitet.

„Versprochen." richtet sich insbesondere an Studierende und Young Professionals in den Bereichen Accounting & Controlling, MINT, Tax & Legal und Consulting. Neben der Hauptzielgruppe der Bewerbenden sollen zum einen den Mitarbeitenden eines Unternehmens dieser Größenordnung eine Möglichkeit geboten werden, mehr darüber zu erfahren, was im Unternehmen passiert, und zum anderen sollen weitere Hörende für die fachlichen Themen oder die eingeladenen Persönlichkeiten begeistert werden. Der Podcast sorgt also auch intern für Sichtbarkeit von Themen und Personen bei PwC Deutschland.

PwC bietet mit den durchschnittlich etwa halbstündigen Podcastfolgen den Bewerbenden die Möglichkeit, einige der zukünftigen Mitarbeitenden bereits vor dem ersten Vorstellungsgespräch genauer kennenzulernen. Durch die regelmäßige Veröffentlichung im monatlichen Rhythmus können sukzessive die Arbeitskultur, die Themenvielfalt und Rollen beleuchtet werden. Ein sehr interessanter Ansatz, um potenziellen Bewerbenden vor beziehungsweise während ihres Bewerbungsprozesses einen Einblick in verschiedene Unternehmens- beziehungsweise Servicebereiche (Advisory, Assurance, Tax & Legal, IFirms) zu geben.

Der bewusst doppeldeutige Titel zielt zum einen auf diese Authentizität und zum anderen setzt PwC auf ein ungescriptetes Format, in dem keine Versprecher in der Post- Produktion entfernt werden. Das bestätigt uns auch der ehemalige Host Anne Bruysten: „Es macht mich wahnsinnig stolz, ein Format geschaffen zu haben, welches ein authentisches Bild von PwC Deutschland als Arbeitgeber vermittelt und gleichzeitig von unserer Zielgruppe so positiv aufgenommen wird."

Die Zielgruppen werden erstmals rein auditiv angesprochen. Zudem werden fachliche Insights in einer Tiefe dargestellt, welche die bisherigen Formate nicht bieten und die die Zielgruppe bisher in dieser Aufbereitungsform eines semistrukturierten Gesprächs unter Kollegen nicht erhalten hat. PwC wirkt durch das persönliche Gespräch mit teils auch privaten Einblicken zwischen dem Host und ihren Kollegen plötzlich nahbarer und vertrauter. Diesen Eindruck schilderte uns Anne Bruysten auch über eine Bewerberin, die „das aktuelle Geschehen bei PwC bereits über längere Zeit auf den sozialen Medien und durch den Versprochen.- Podcast verfolgt" hat, bevor sie ihre Bewerbung verschickt. Den Podcast erachte sie auch als Vorbereitung auf ihr Bewerbungsgespräch als sehr hilfreich.

Neben den messbaren KPIs wie Anzahl Hörer, Anzahl Abonnenten, wiederkehrende Hörer, durchschnittliche Hördauer sowie Verteilung nach Geschlecht und Alter wird der Erfolg mithilfe von mündlichem beziehungsweise schriftlichem Feedback evaluiert. Zudem spricht der Wert von 4,8 Sternen durch 42 Bewertungen (Stand Mai 2023) bei Apple Podcast eine eindeutige Sprache.

Jede veröffentlichte Folge wird redaktionell begleitet durch Social-Media-Posts und Stories auf den unternehmenseigenen Kanälen – zu finden als „PwC Karriere" auf Facebook und als integraler Bestandteil auf dem Instagram-Account pwc_de. Zudem wird zu jeder Folge auf beiden Kanälen eine Paid-Ad geschaltet, um die Reichweite zu steigern. In Sonderfolgen (zum Beispiel Folge 6 mit Filiz und Konstantin: „Was wolltest du schon immer von unseren Partner:innen wissen?" und Folge 17 „Was wolltest du schon immer von unseren Berufseinsteiger:innen wissen?") wurden die Zielgruppen über Social Media eingebunden und eine Podcastfolge von „Versprochen." mitzugestalten. Hierfür wurde auf den unternehmenseigenen Social-Media-Kanälen aufgerufen, Fragen zu stellen.

Das Gesamtbudget betrug für die ersten 15 Folgen circa €15.000,-. Dabei ist zu berücksichtigen, dass alle technischen Prozesse von der Podcastaufnahme bis hin zur finalen Veröffentlichung einer jeweiligen Folge vollständig inhouse durchgeführt werden.

Seit Veröffentlichung des Podcast sind messbare Recruitingerfolge in den gewünschten Zielgruppen zu verzeichnen. „Versprochen." ist zudem auch außerhalb dieser Zielgruppe auf hohes Interesse gestoßen. PwC Deutschland gewann den trendence awards 2020 in der Kategorie „Beste Employer Brand Kampagne".

Candidate Journey: 3. Phase „Bewerbung"

4

In der dritten Phase der Candidate Journey geht es um die Bewerbungsphase, die heute in den allermeisten Fällen in digitaler Form erfolgt. Der klassische Weg ist dabei die Online-Bewerbung über ein Jobportal wie zum Beispiel StepStone, indeed oder die Stellenbörse des Unternehmens. Diese Art der Bewerbung ist häufig zeitintensiv und strapaziert durch die Eingabe von vielen Informationen, das Erstellen und Hochladen eines Lebenslaufs und eines motivierenden Anschreibens die Geduld der Bewerber. Wir gehen in diesem Kapitel auf neuere Formen der Personalsuche und Bewerbungsmöglichkeiten ein. Dabei werden zwei grundsätzliche Arten unterschieden: Bei Personen, die nicht aktiv auf der Suche nach einer neuen Anstellung sind, ist Active Sourcing ein geeigneter Weg. Für bereits aktive Bewerber gilt es für Unternehmen den Bewerbungsaufwand zu reduzieren, um überhaupt beziehungsweise mehr Bewerbungen zu bekommen. Anhand des Best Practices von Helvetia zeigen wir darüber hinaus auf, wie man bereits in dieser Phase die Bewerber für das Unternehmen begeistern kann.

4.1 Bewerbungsmethoden

4.1.1 One-Click-Bewerbung

Immer mehr Arbeitgeber verzichten bei Bewerbern auf eine klassische Bewerbung mit individuellem Anschreiben und einem Lebenslauf. Stattdessen können sich Bewerber mit einem Klick bewerben. Als Beispiele größerer Konzerne sind hier die Deutsche Bahn und auch die Deutsche Telekom zu nennen.

© Der/die Autor(en), exklusiv lizenziert an Springer-Verlag GmbH, DE, ein Teil von Springer Nature 2023
M. Lorenz und F. Nientiedt, *Digitales Recruiting entlang der Candidate Journey*, essentials, https://doi.org/10.1007/978-3-662-68096-4_4

Die One-Click-Bewerbung funktioniert über eine Verbindung zu einem Profil in LinkedIn oder XING. Die Bewerber verfügen in der Regel über ein aktuelles Bewerberprofil und haben alle relevanten Daten wie den Werdegang, die Kompetenzen und Qualifikationen, besondere Kenntnisse, Interessen und gegebenenfalls Referenzen gepflegt. Wenn der Bewerber sich nun auf ein interessantes Stellenangebot bewirbt, importiert er mit einem Klick sein Profil und stellt es dem Unternehmen damit zur Verfügung.

Die One-Click-Bewerbung bietet für die Bewerber die folgenden Vorteile:

- Geringerer Zeitaufwand, da kein individuelles Anschreiben und kein tabellarischer Lebenslauf erstellt werden müssen.
- Es muss auch kein Bezug zum Unternehmen und zur Stellenausschreibung hergestellt werden.
- Die Bewerbung ist orts- und zeitunabhängig und kann daher von überall aus mit dem Smartphone erfolgen.

Aus Sicht der Arbeitgeber ist der größte Vorteil, die Hürde zur Bewerbung zu reduzieren. Allerdings sind auch Nachteile für die Unternehmen damit verbunden. Da kein Bezug zum Unternehmen und zur Stellenausschreibung hergestellt wird, geht die Individualität und die Motivation für die Bewerbung verloren. Durch die fehlende persönliche Note, gestaltet sich die Bewerberauswahl aufwendiger: entweder durch mehr und/oder längere Bewerbungsgespräche oder durch Einstellungstest oder Probearbeiten. Dennoch wird sich diese Form der einfachen Bewerbung durchsetzen und zum neuen Standard für viele Stellenausschreibungen entwickeln.

▶ **Tipps**

- Die One-Click-Bewerbung eignet sich insbesondere für Stellenausschreibungen, bei denen Anschreiben keine so bedeutende Rolle spielen und auch für Bewerber, die keine eigene Möglichkeit via PC haben, einen Lebenslauf und ein Anschreiben zu erstellen.
- Wie bei vielen anderen neuen Themen empfehlen wir, die One-Click-Bewerbung auszuprobieren und Erfahrungen zu sammeln, für welche Stellen sich diese Form der Bewerbung am besten eignet.

4.1.2 CV-Parsing

CV-Parsing (auch „Resume-Parsing" genannt) ist die computerbasierte Weiter-verarbeitung von Bewerbungen. „CV" steht für Curriculum Vitae, also dem Lebenslauf und „Parsing" bedeutet zergliedern. In der Praxis führt eine Software eine semantische Analyse des Lebenslaufs durch. Die eingehenden Daten aus einem LinkedIn- oder XING-Profil oder einer Lebenslaufdatenbank werden dabei mittels Syntaxanalyse in eine Tabelle extrahiert und anschließend nach relevanten und definierten Kriterien aufbereitet. Diese Daten lassen sich einfach filtern und auswerten. Dadurch können die ersten Schritte im Auswahlprozess durch eine Software und einen Algorithmus übernommen werden. Insbesondere, wenn durch die One-Click-Bewerbung mehr Bewerber ausgewertet werden müssen, bietet CV-Parsing hier den Vorteil, den Mehraufwand wieder deutlich zu reduzieren und eine Vorauswahl der Bewerber anhand von klar definierten Kompetenzen und Kriterien zu treffen.

4.1.3 Bewerbung per WhatsApp

Eine weitere Form der einfachen Bewerbung ist der Weg über WhatsApp, da sich die Bewerber in einer bekannten Anwendung bewegen. Bei Unternehmen, die einen stetigen und wiederkehrenden Einstellungsbedarf haben, ist WhatsApp eine sinnvolle Alternative zur klassischen Bewerbung über das Karriereportal. Im Blue-Collar-Bereich, in der Personalvermittlung, aber auch bei jüngeren Zielgruppen findet diese Art der Bewerbung aufgrund ihrer Einfachheit mehr und mehr Anklang.

In der Praxis funktioniert das so, dass die Bewerber zum Beispiel auf einen Button in einer Stellenanzeige klicken oder einen QR-Code auf einer Post-karte, einem Poster oder einer anderen Ausspielung der Stellenanzeige scannen. Von dort werden sie direkt in das WhatsApp ihres Smartphones weitergeleitet. Dort beginnt ein automatisiertes Interview, durch das die Bewerber Schritt für Schritt durchgeführt werden. Die Bewerber beantworten Fragen und können dazu vordefinierte Antwortmöglichkeiten anklicken.

WhatsApp bietet für den Bewerber die folgenden Vorteile:

- Die Beantwortung der Fragen durch die vorgegeben Antwort-Optionen ist einfach, geht schnell und macht gegebenenfalls sogar Spaß.
- Es besteht die Option auch Lebensläufe, ein Selfie, eine Sprachnachricht oder ein Video hochzuladen. Und dies ebenfalls sehr einfach im Vergleich zu einer

klassischen Bewerbung, da Anmeldungen, Online-Formulare und Anschreiben komplett entfallen. Die meisten Bewerber benötigen wenige Minuten, um alle Fragen zu beantworten und die gewünschten Anlagen zu übermitteln.

WhatsApp bieten den Unternehmen die folgenden Vorteile: alle stellenrelevanten Aspekte werden durch die Frage- und Antwort-Interviews spielerisch abgefragt. Die Auswertung der Antworten führt über einen integrierten Matching-Prozess dazu, dass bestimmte Bewerber entsprechend ihrer Antworten als ungeeignet qualifiziert werden, wenn ihnen beispielsweise eine Qualifikation, ein bestimmter Führerschein oder Ähnliches fehlt. Die übrigen Bewerber werden entsprechend der passenden Antworten in ein Ranking überführt. Auch bei dieser Form der Bewerbung entfällt somit, wie schon beim CV-Parsing, die manuelle Auswertung der Bewerbungsunterlagen. Die Kommunikation mit WhatsApp ist schnell und direkt und wirkt sich positiv auf die Candidate Experience aus.

► **Tipps**

- Es empfiehlt sich auf die wesentlichen Fragen zu konzentrieren, um herauszufinden, ob die Bewerber alle Stellenkriterien erfüllen und auch um ein Ranking zu erstellen. Der Bewerbungsprozess sollte möglichst kurzgehalten werden, auch im Hinblick auf die einzureichenden Dokumente. Je einfacher und kürzer, desto geringer wird die Absprungrate ausfallen.
- Von der Nutzung der Handynummer von einem Firmenhandy für die WhatsApp Kommunikation ist allein aus datenschutzrechtlichen Gründen dringend abzuraten. Die Verarbeitung von personenbezogenen Daten ist sehr sensibel. Wir empfehlen die Zusammenarbeit mit einem zertifizierten WhatsApp-Dienstleister, der den Datenschutz laut DSGVO unter anderem durch ein Hosting in Deutschland sicherstellen kann. Die Dienstleister stellen die kommunikative Brücke zwischen den Bewerbern, den Unternehmen und WhatsApp her. Über diesen Weg erfolgt auch das Einholen der Datenschutzerklärung vor jedem Interview.

4.2   Active Sourcing

In Zeiten des Fachkräftemangels ist es wichtig, alle sinnvollen Maßnahmen zur Personalgewinnung zu nutzen. Im Vergleich zum klassischen Recruiting bietet das Active Sourcing eine vielversprechende Alternative. Beim Active Sourcing geht es um die gezielte Suche von tendenziell qualitativ hochwertigen Kandidaten anhand von definierten Kriterien. Unserer Erfahrung nach funktioniert Active Sourcing besonders gut im White-Collar-Bereich.

Das Active Sourcing bietet unterschiedliche Vorgehensweisen und Quellen, um Kandidaten anzusprechen. Alle vereint die Recherche und die anschließende, persönlich Ansprache über eine externe oder interne Plattform oder eine Datenbank. Die Kontaktaufnahme erfolgt entweder ebenfalls über diese digitalen Kanäle oder die Kandidaten werden nach der Übermittlung der Kontaktdaten außerhalb der Plattformen per E-Mail, Messenger oder Anruf kontaktiert.

Zu den gängigsten Quellen zählen (angelehnt an Dannhäuser 2020, S. 547 ff.):

- Social Media: e-Recruiting (auch Profil Mining genannt) am häufigsten über XING und LinkedIn oder Fachforen.
- Talent Pool: Interne Datenbank von ehemaligen Mitarbeitern, Praktikanten und Studenten und nicht eingestellten Bewerbern.
- Jobbörsen: Mit Zugang auf entsprechende Bereiche von Stellenbörsen kann hier nach Lebensläufen gesucht werden.
- Referral Sourcing: Hierzu zählen Mitarbeiter-werben-Mitarbeiter Programme (s. hierzu auch Abschn. 2.1.)

Eine Studie der Uni Bamberg (2020) zum Thema Social Recruiting und Active Sourcing ergab, dass einer von zehn Kandidaten die direkte Ansprache als nervig empfand. Dies bestätigt, dass die Anfrage auf den jeweiligen Kandidaten abgestimmt und ein hoher persönlicher Bezug zu seinem Profil hergestellt werden sollte. Es klingt trivial, aber in der Praxis erleben wir es immer wieder: Standardisierte Texte, die massenhaft an Kontakte versandt werden, sind wenig erfolgversprechend.

Im Folgenden gehen wir näher auf Funktionsbereiche von XING und LinkedIn ein, die für HR-Mitarbeiter zahlreiche Möglichkeiten bei der Personalsuche bieten. Beide Kanäle bieten Personalmanagement-Plattformen für Active Sourcing mit präzisem Targeting der Zielgruppen an. Bei XING heißt dieses Modul Talent Manager, bei LinkedIn Recruiter. LinkedIn ist aufgrund seiner internationalen Nutzerstruktur besser geeignet, um international Stellen zu besetzen.

Beide Module sind sich funktional recht ähnlich, wobei LinkedIn zuletzt schneller weiterentwickelt wurde. Wir gehen davon aus, dass die Abwanderungsbewegung der Nutzer von XING zu LinkedIn nach der strategischen Neuausrichtung zum Jahreswechsel 2022/23 der deutschen Business Plattform weiter beschleunigt wird.

Die Wunschkandidaten können nach bestimmten Kriterien gefiltert werden. Das Vorgehen erinnert methodisch an Online-Shops, da durch die Kriterien und das Setzen von Filtern die Ergebnisliste immer weiter eingeschränkt wird. Bereits die Suchmasken beider Plattformen erlauben – auch ohne kostenpflichtige Zusatzmodule – Kandidaten zu identifizieren. Nach Eingabe der Suchbegriffe kann die Ansicht gewählt werden, ob sich diese auf Personen, Mitgliedern, Unternehmen, Events, Jobs, Gruppen und Beiträgen beziehungsweise News beziehen sollen.

▶ **Tipps**

- Die Suchmasken ermöglichen bereits eine erste Auswahl von potentiellen Kandidaten. Reichen diese nicht aus, kann in Zusatzmodule investiert werden.

- Die Umsetzung des Active Sourcings aus dem eigenen Unternehmen sollte man zunächst mit einem Modul (zum Beispiel dem LinkedIn Recruiter) ausprobieren. So kann man für unterschiedlichste Stellen im Unternehmen erste Erfahrungen sammeln. Auch kann man herausfinden, wo man im Vergleich zum externen Active Sourcing, das natürlich seine Berechtigung hat, erfolgreicher ist. Darüber hinaus kann ein Inhouse-Recruiter seine eigene Überzeugung und Zufriedenheit mit dem Arbeitgeber in die Waagschale werfen, was sich positiv auf die Kandidaten auswirkt.

- Es ist wichtig sich bei der Ansprache zu vergegenwärtigen, dass manche Kandidaten zahlreiche Nachrichten aus dem Personalbereich von Unternehmen oder von Personaldienstleistern erhalten. Daher eint allen Vorgehensweisen bei der Ansprache empathisch, personalisiert und individuell vorzugehen.

4.3 Best Practice Recruitingprozess bei Helvetia

Helvetia, 1858 gegründet und ansässig in der Schweiz ist eine Versicherungsgesellschaft. Zu den geografischen Kernmärkten der Helvetia Gruppe gehören neben dem Heimmarkt Schweiz auch die im Segment Europa zusammengefassten Länder Deutschland, Italien, Österreich und Spanien. Über diese Märkte hinaus bietet Helvetia in Frankreich sowie über ausgewählte Destinationen weltweit maßgeschneiderte Specialty-Lines-Deckungen und Rückversicherungen an. Helvetia ist im Leben-, Schaden- und Rückversicherungsgeschäft aktiv und erbringt mit rund 11.500 Mitarbeitenden Dienstleistungen für mehr als 7 Mio. Kunden.

Versicherungen stehen bei der Stellenbesetzung mit qualifizierten Arbeitskräften in Konkurrenz zu vielen anderen Branchen, insbesondere Banken. Die Kommunikation, auch im Bewerbungsprozess, spielt hier eine wesentliche Rolle, wie ein Unternehmen bei den Bewerbern wahrgenommen wird.

Im Recruitingprozess setzt Helvetia daher seit August 2020 auf personalisierte Videos im Rahmen der Bewerberkommunikation. Den Impuls zu „Personalisierten Videos" bekam Martin Maas in seiner damaligen Funktion als Leiter Employer Branding & Nachwuchs bei Helvetia von einem bekannten Entertainmentpark, der solche Videos an seine Hotelgäste kurz vor Beginn des Besuchs verschickt.

Martin Maas, berichtet, dass Helvetia bei Bewerbern, dank der Videos hervorstechen möchte. Darum auch der schräge Stil: „Um in den Köpfen der Leute zu bleiben, braucht es eine überzeichnete Darstellung bestimmter Themen, die uns im Umgang miteinander wichtig sind".

An vier definierten Punkten im Prozess (Eingangsbestätigung, Einladung zum Interview, Zusage und Absage) erhält man als Kandidat einen Link zu einem Video. In den Videos, die durch zwei sympathische Protagonisten moderiert werden, werden Informationen zum aktuellen Stand des Bewerbungsprozesses kommuniziert. An definierten Punkten in den Videos wird jeweils der Name des Bewerbers digital in das Video gespielt – täuschend echt, als wäre der Name auch in Wirklichkeit an diesem Ort integriert. Darüber hinaus erfährt der Bewerber etwas über die Unternehmenskultur, den Arbeitsplätzen und dem Standort. Die Videos sind humorvoll und etwas überzeichnet, damit sie ihre Wirkung voll entfalten können. Die Protagonisten sind Profis und wurden speziell für diese Videos gecastet. Einer der beiden spricht Hochdeutsch und der andere Schweizerdeutsch, was die Bewerbersituation auch widerspiegelt.

Videos im Detail: Kurz nach dem Absenden der Bewerbung erhält man eine Eingangsbestätigung mit dem Hinweis, dass die Helvetia eine Kleinigkeit für den Bewerber vorbereitet hat. Mit einem Klick auf einen Link öffnet sich eine

Webseite und ein Video startet. Darin bereitet ein Helvetia-Mitarbeiter gerade eine Überraschung für den Bewerber vor. Danach sieht man einen Recruiter und mit einem Kamera-Blick über seine Schulter erkennt man, dass gerade die Bewerbung, auf der der Name des Bewerbers zu sehen ist, eingegangen ist.

In der nächsten Szene springt der Mitarbeiter von seinem Platz auf und rennt los, quer durch das Unternehmen, um mehrere Personen Bescheid zu geben, dass sich der Bewerber beworben hat. An verschiedenen Stellen taucht wieder der Name des Bewerbers im Video auf. Am Ende wird der Bewerber noch direkt angesprochen und darüber informiert, dass sich die Kollegen so schnell wie möglich bei ihm melden werden. Das Video ist überzeichnet und humorvoll. Es macht neugierig, wie es weitergehen wird.

Der nächste Schritt ist die Einladung zum Interview. Die Terminbestätigung per Mail enthält wieder einen Video-Link. Diesmal sitzen die Kollegen aus dem vorherigen Video nebeneinander und geben Tipps zur Gesprächsvorbereitung. Gespickt wird das Ganze auch mit einem Kompliment zu den Unterlagen und zu dem Namen, denn sogar „der liest sich toll". Auch dieses Video ist durch die Einblendung des Namens wieder personalisiert.

Nach einem erfolgreichen Interview bekommt man eine weitere Mail, die einen Dank, dass man sich für Helvetia entschieden hat und ein abschließendes personalisiertes Video enthält. Das Video zeigt die zukünftigen Kollegen in Feierlaune und es wird sogar eine Torte in den Raum gefahren. Man sieht, wie an seinem Arbeitsplatz schon einmal alles vorbereitet wird und man wird herzlich willkommen geheißen. Alles wieder personalisiert!

Für den Fall der Absage wird ebenfalls ein Video erstellt. In dem Video bedankt sich Helvetia für das Interesse am Unternehmen und gibt einen Hinweis auf die E-Mail, in der der Grund der Absage erläutert wurde. Darüber hinaus erfolgt ein Angebot für Feedback, falls der Bewerber Anmerkungen, Kommentare oder Vorschläge zum Bewerbungsprozess hat.

Bei den personalisierten Videos hat Helvetia von Anfang an nicht nur positives Feedback von denen bekommen, die eine Zusage erhalten haben, sondern auch von denen, die eine Absage bekommen haben. Denn auch das Absagevideo ist sehr wertschätzend – und das wissen auch die Bewerber:innen zu schätzen.

Deutlich messbar sei laut Manuela Bärtsch Forster, Head People Attraction & Diversity bei Helvetia, auch die Wirkung in den Onboarding-Fragebögen, die nach der Probezeit verschickt werden. Hier werden die personalisierten Videos sehr positiv hervorgehoben und auch auf kununu sind die Werte beim Thema „Bewerbung" signifikant gestiegen.

«Mit den personalisierten Videos waren wir absolute First Mover im Bereich Recruiting. Die Kandidatenfeedbacks sind hervorragend, unabhängig davon, ob es mit der Anstellung geklappt hat oder nicht. Wir haben weiter viel Aufmerksamkeit und Applaus im Arbeitsmarkt erhalten. Da alles vollautomatisiert abläuft, entsteht keinerlei Mehraufwand für die Recruiting Partner. So erstellen wir im Jahr über 70.000 Videos. Eine große Erfolgsgeschichte», so Manuela Bärtsch Forster.

Von der Idee bis zum Go-Live hat es insgesamt sieben Monate gedauert, da durch die Corona-Pandemie vier Monate lang keine Dreharbeiten durchgeführt werden konnten. Ohne Corona wären es also drei Monate gewesen. Neben den filmtechnischen Herausforderungen galt es hier vor allem die verschiedenen Systeme miteinander zu verbinden, sodass jeder Bewerber zum richtigen Zeitpunkt sein personalisiertes Video in der richtigen E-Mail und der richtigen Sprachversion, von denen es drei gibt – bekommt.

Die Videos wurden mit der Filmagentur erstellt, mit der Helvetia schon bei anderen Projekten erfolgreich zusammengearbeitet hat. Zusätzlich wurde mit einem weiteren Partner die Schnittstellen zum Bewerbermanagementsystem eingerichtet.

Zusammenfassung und Bewertung der erzielten Ergebnisse:

- Positives Feedback der neuen Mitarbeiter im Onboarding-Prozess
- Mehr und bessere kununu Bewertungen in der Kategorie Bewerbung
- Culture Fit zwischen Unternehmen und den Bewerbern durch die Art der Videos

▶ **Tipps**

- Die Kommunikation zwischen dem Unternehmen und dem Bewerber spielt eine große Rolle, ob sich ein Bewerber für das Unternehmen entscheidet. Die Bewerber lernen in diesem Prozess die Unternehmenskultur kennen und können abgleichen, ob die Kultur zu ihnen passt. Daher sollte die gesamte Kommunikation im Bewerbungsprozess das Unternehmen authentisch widerspiegeln.
- Manchmal gehört auch Mut dazu, bisherige Verfahren zu verändern und neue Wege zu gehen. Auch wenn diese zunächst aufwendiger erscheinen und an der ein oder anderen Stelle Widerstand erzeugen, lohnt es sich bei der Candidate Journey positiv anders zu sein. Insbesondere wenn die Bewerber zwischen mehreren guten Angeboten auswählen können, kann dies den entscheidenden Unterschied im Recruiting ausmachen.

Zusammenfassung und Ausblick 5

Abschließend freuen wir uns sehr, dass wir mit Tim Verhoeven einen versierten HR-Experten dafür gewinnen konnten, unser Buch mit einem Ausblick im Kontext Employer Branding und Social Recruiting abzurunden.

Tim Verhoeven

Bei der Frage nach Trends und wie sich solche Themen in der Zukunft verändern werden, steckt die Herausforderung darin, nicht komplett ins Glaskugel-Lesen abzudriften. Daher habe ich mich dazu entschieden, Trends und mutmaßlich zukünftige Entwicklungen immer daran zu orientieren, was man schon relativ gut prognostizieren kann.

Zwei Trends werden die Zukunft der Arbeit prägen und dadurch auch alle Bereiche innerhalb des Talent Acquisitions: Der zunehmende Arbeitskräftemangel sowie zunehmende Geschwindigkeit der Technologisierung sind diese beiden Megatrends, die ich hier genauer beleuchten werde und die die Grundlage für meine fünf Thesen bilden.

Zunehmender Arbeitskräftemangel: Der demografische Wandel wird sich in den kommenden Jahren von Jahr zu Jahr härter auf den Arbeitsmarkt auswirken. Die Folgen sind jetzt schon erkennbar – Arbeitskräfteknappheit ist eine der größten Bremsen für den Unternehmenserfolg in einigen Unternehmen. Aber Hand aufs Herz: Wenn wir in zehn Jahren auf dieses Jahr zurückblicken, werden wir sagen: „Was war das Recruiting einfach damals?". Denn die kommenden Jahre werden die Situation zuspitzen. Aus dieser Ausgangslage lassen sich aus meiner Sicht drei Ableitungen für die Zukunft treffen.

© Der/die Autor(en), exklusiv lizenziert an Springer-Verlag GmbH, DE, ein Teil von Springer Nature 2023
M. Lorenz und F. Nientiedt, *Digitales Recruiting entlang der Candidate Journey*, essentials, https://doi.org/10.1007/978-3-662-68096-4_5

These 1 – Cherry-Picking führt zu höherem Bedarf an Employer Branding und transparenter Kommunikation.

Je mehr Jobsuchende umworben werden und je mehr Auswahl Jobsuchende haben, desto mehr wird das Prinzip des Cherry-Pickings durch Jobsuchende stattfinden. Ein Arbeitgeber passt nicht 100 % zu meinem Bedarf? Also schaue ich mir doch einfach den nächsten Arbeitgeber an. Damit Jobsuchende jedoch überhaupt differenzieren können, bedarf es einer klaren Positionierung als Arbeitgeber, wofür man steht und was man bietet.

Mit etwas Glück könnte diese Zukunft auch das Ende von inhaltsleeren Floskeln wie „tolles Betriebsklima", „attraktives Gehalt" oder „flexiblen Arbeitszeiten" sein.

These 2 – Keine Entscheidung ohne Zahlen, um dem hohen Maß an Individualisierung gerecht werden zu können.

Da es immer weniger potenzielle Bewerber:innen gibt, wird es umso wichtiger, die eigene Candidate Journey zu optimieren und gleichzeitig ein auf die individuellen Bedürfnisse der Jobsuchenden optimiertes Erlebnis zu erzeugen. Das wird grundsätzlich nur mit einem klaren Bekenntnis zu Recruiting Analytics und Talent Intelligence möglich sein. Dazu gehören standardmäßig Dinge, wie ein Candidate Journey Mapping, eine Candidate Net Promoter Score Befragung oder data driven Candidate Personas. Damit wird es möglich werden, individuelle und attraktive Arbeitgebermarkenerlebnisse zu erzeugen.

These 3 – Barrierefreiheit first.

Bei der Knappheit an Jobsuchenden wird es zwingend noch wichtiger als vorher, genau abzuwägen, welche Prozesse Jobsuchenden zugemutet werden. Dazu gehören grundsätzlich einfache Bewerbungsprozesse ohne unnütze Registrierungspflicht oder One-Click-Apply-Prozesse. Jedoch wird auch das Thema der Zugänglichkeit immer mehr in den Fokus rücken. Wer prüft heute schon, ob seine Website und Stellenanzeigen WCAG (Web Content Accessibity Guidelines; internationaler Standard zur barrierefreien Gestaltung von Webinhalten) Standards entsprechen? Wer hat sich schon einmal über Screenreader seine komplette Karriereseite oder den Großteil seiner Stellenanzeigen vorlesen lassen? Wer denkt schon an Rot-Grün-Schwäche beim Design von Image-Anzeigen? Wer nutzt schon das Konzept der einfachen Sprache? Kaum jemand. Hier sind viele ungenutzte Potenziale.

Zunehmende Geschwindigkeit der Technologisierung: Die Geschwindigkeit, in der neue technologische Entwicklungen und Veränderungen die Gesellschaft treffen, ist enorm. Schon jetzt kommen immer neue soziale Medien auf den Markt, deren Licht schon wieder fast erloschen ist, kurz nachdem es erst einmal entflammt war. Oder wer nutzt heute noch Clubhouse? Und natürlich – wer hätte es gedacht – kein Ausblick ohne das omnipräsente Thema der künstlichen Intelligenz. Es vergeht kein Tag, an dem nicht über irgendwelche neuen Tools, Lösungen oder Unternehmen berichtet wird. Selbst, wenn nur ein Bruchteil davon wirklich Substanz haben sollte, steht bereits fest: Das Thema KI wird sich disruptiv auf den Arbeitsmarkt auswirken. Dieser technologische Wandel führt zu den letzten beiden Thesen.

These 4 – KI und Automatisierung werden unsere Arbeit verändern und aus Administrieren wird Begeistern.
Organisationen werden sich den neuen technologischen Veränderungen anpassen müssen – dazu gehören auch wir als HRler:innen. Während es viele Unkenrufe gibt, die mutmaßen, dass dadurch Talent Acquisition überflüssig wird, sehe ich es komplett entgegengesetzt. Wir werden so wichtig wie nie zuvor. Unsere Jobs werden sich ändern – massiv. Stand jetzt gibt es noch viel zu viel innerhalb unseres Arbeitsalltags, was nicht besonders wertschöpfend ist: administrative, repetitive und stupide Aufgaben. Diese können durch KI oder allgemein Automatisierungstechnik wie beispielsweise RPA (Robotic Process Automation) übernommen werden. Dadurch können wir uns wieder auf das Wesentliche konzentrieren: Bewerbende begeistern von unseren Arbeitgebern und valide Personalentscheidungen treffen.

These 5 – Arbeitgeberpräsenz und Produktpräsenz verschmelzen stärker, um jede Möglichkeit zu nutzen, Jobsuchende anzuziehen.
In der Vergangenheit war es in den meisten Unternehmen klar: Product first – Employer second. Insbesondere neue Technologien, wie Augmented Reality (AR), Virtual Reality (VR) oder Mixed Reality haben hier ein enormes Potenzial. Nicht erst seit der Präsentation der Apple Vision Pro könnte hier in den nächsten Jahren sehr viel auf uns warten. Man stelle sich vor, dass zukünftig beim Kauf einer Flasche Mustermann-Limonade ein VR/AR-Trigger integriert wäre, der meiner VR/AR-Brille die Option bietet, Videos zu sehen, wie diese Flasche designt, hergestellt oder abgefüllt wurde, wie die Marketing-Kampagne dafür erstellt wurde oder sonst etwas. Man könnte das Gefühl bekommen, mit in einem solchen Meeting zu sitzen oder in einer Produktionshalle zu stehen. Realistic Job Preview in Reinkultur. So könnte man von der unglaublich großen Produktreichweite – sofern vorhanden – profitieren.

Fazit

Wir können äußerst positiv in die Zukunft des Recruitings, Employer Branding oder der Candidate Experience blicken, denn die meisten Mega-Trends spielen uns in die Karten. Dies bedeutet jedoch nicht, dass wir uns zurücklehnen können. Wir müssen schnellstmöglich unsere überfälligen Hausaufgaben erledigen. Anstatt Hypes nachzulaufen und beispielsweise mit ChatGPT bei Stellenausschreibungen zu experimentieren, sollten wir schnellstmöglich anfangen ein Talent Intelligence oder zumindest Recruiting Analytics System aufzubauen. Wir müssen schnellstmöglich unnötig komplizierte Bewerbungsprozesse abschaffen und uns im Unternehmen stärker positionieren. Denn sonst überholt uns die Zukunft schneller als gedacht.

Was Sie aus diesem *essential* mitnehmen können

- Digitale Maßnahmen zur Steigerung der Arbeitgeberbekanntheit und -attraktivität.
- Maßnahmen zur Anziehung (erste Phase der Candidate Journey): Mitarbeiterempfehlungsprogramme, Zusammenarbeit mit Corporate und externen Influencern und Social-Media-Advertising.
- Maßnahmen zur Information (zweite Phase der Candidate Journey): Karriereseite, Arbeitgeberbewertungsportale, organisches Social Media, Content Marketing (Podcasts, Videoblogs und Blogartikel).
- Maßnahmen zur Bewerbung (dritte Phase der Candidate Journey): One-Click-Bewerbung, CV-Parsing, WhatsApp-Bewerbung und Active Sourcing.
- Konkrete Praxistipps der Autoren und Best Practice Beispiele.

© Der/die Herausgeber bzw. der/die Autor(en), exklusiv lizenziert an   57
Springer-Verlag GmbH, DE, ein Teil von Springer Nature 2023
M. Lorenz und F. Nientiedt, *Digitales Recruiting entlang der Candidate Journey*,
essentials, https://doi.org/10.1007/978-3-662-68096-4

Literaturverzeichnis/„zum Weiterlesen"

Ahrholdt et al. 2023. Online-Marketing-Intelligence – Erfolgsfaktoren, Kennzahlen und Steuerungskonzepte für praxisorientiertes Digital-Marketing. Springer Fachmedien Wiesbaden.

Bitkom. 2021. Arbeitgeberbewertungen im Netz beeinflussen Job-Wahl. Studie: https://www.bitkom.org/Presse/Presseinformation/Arbeitgeberbewertungen-im-Netz-beeinflussen-Job-Wahl. Zugegriffen: 24.04.2023.

Czora, Luisa. 2020. Social Media Recruiting | Im Fokus | Online-Artikel Kununu, Glassdoor & Co. fürs Recruiting nutzen. https://www.springerprofessional.de/social-media-recruiting/employer-branding/kununu--glassdoor---co--fuers-recruiting-nutzen/17862826. Zugegriffen: 02.04.2023.

Dannhäuser, Ralph. 2020. Praxishandbuch Social Media Recruiting: Experten Know-How/Praxistipps. 4.überarbeitete und erweiterte Auflage. Springer Gabler.

Data.ai. 2021. The Evolution of Social Media Apps. Report: https://www.data.ai/en/insights/market-data/evolution-of-social-media-report/. Zugegriffen: 19.05.2023.

Deges, Frank. 2018. Quick Guide Influencer Marketing – wie Sie durch Multiplikatoren mehr Reichweite und Umsatz erzielen. Springer Fachmedien Wiesbaden.

Dettmers, Sebastian. 2022. Die grosse Arbeiterlosigkeit. FBV-Finanzbuchverlag.

Ebner, Winfried und Eck, Klaus. 2022. Die neue Macht der Corporate Influencer. Redline.

Europäische Kommision. 2023. Kommission erhöht Cybersicherheit und setzt die Nutzung von TikTok auf Dienstgeräten aus. Pressemitteilung: https://ec.europa.eu/commission/presscorner/detail/de/ip_23_1161. Zugegriffen: 19.05.2023.

Funke, Sven-Oliver. 2018. Influencer-Marketing: Strategie, Briefing, Monitoring. Inkl. Best Practices aus echten Kampagnen sowie Tipps zu rechtlichen Fragen. Rheinwerk Computing.

Grabs et al. 2021. Follow me! Erfolgreiches Social Media Marketing mit Facebook, Instagram, LinkedIn und Co. Rheinwerk Computing, 6. Auflage.

Haufe. News 28.02.2023. Deutschlands Beschäftigte bleiben wechselbereit: https://www.haufe.de/personal/hr-management/wechselbereitschaft-der-beschaeftigten-im-regionalvergleich_80_589076.html. Zugegriffen: 25.04.2023.

Haufe. 4/2023: Whitepaper Digitales Recruiting: Trends & Strategie: https://www.umantis.com/form/digitales-recruiting-trends-strategie. Zugegriffen: 15.06.2023.

Haufe. 1/2023. Whitepaper Recruiting mit Mitarbeiterempfehlungen: https://www.haufe. de/personal/hr-management/studie-in-mitarbeiterempfehlungen-schlummert-viel-potenz ial_80_548288.html. Zugegriffen: 25.04.2023.

Hesse, Gero und Mattmüller, Roland. 2019. Perspektivwechsel im Employer Branding: Neue Ansätze für die Generationen Y und Z. Springer Fachmedien Wiesbaden, 2. Auflage.

Hoffmann, Kerstin. 2020. Markenbotschafter – Erfolg mit Corporate Influencern. Haufe, 1. Auflage.

Jäger et al. 2019. Eine Analyse bedeutender Arbeitgeber in Deutschland, 12. Auflage der Studienreihe „Human Resources im Internet des Studiengangs Media Management der Hochschule RheinMain, Prof. Dr. Wolfgang Jäger, Sebastian Meurer, Prof. Dr. Thorsten Petry. https://www.hs-rm.de/de/hochschule/aktuelles/details/artikel/studie-karriere-websites-2019. Zugegriffen: 23.4.2023.

Jahnke, Marlis. 2021. Influencer Marketing: Für Unternehmen und Influencer: Strategien, Erfolgsfaktoren, Instrumente, rechtlicher Rahmen. Springer Fachmedien Wiesbaden.

Jansen et al. 2023. Recrutainment – Gamification in Employer Branding, Personalmarketing und Personalauswahl. Springer Fachmedien Wiesbaden, 2. Auflage.

Janson, Matthias. 2021. Markt für Influencer-Werbung wächst kräftig. Statista: https://de.sta tista.com/infografik/26448/werbeausgaben-im-segment-influencer-werbung-in-deutsc hland/. Zugegriffen: 19.05.2023.

Kilian, Karsten und Kreutzer, Ralf T. 2022. Digitale Markenführung – Digital Branding in Zeiten divergierender Märkte. Springer Fachmedien Wiesbaden.

Knabenreich, Henner. 2019. Karriere-Websites mit Wow!-Effekt: Wie Sie Karriereseiten gestalten, denen kein Bewerber widerstehen kann. Springer Verlag.

KUNDENFOKUSSIERT. 2022. Azubimarketing auf Instagram bei der Böllhoff Gruppe. Referenz: https://www.kundenfokussiert.de/referenz-boellhoff/. Zugegriffen: 19.05.2023.

KUNDENFOKUSSIERT. 2023. Corporate Influencer – Mitarbeitende als Markenbotschafter. Referenz: https://www.kundenfokussiert.de/corporate-influencer-interview/ . Zugegriffen: 29.06.2023.

Lammenett, Erwin. 2021. Praxiswissen Online-Marketing – Affiliate-, Influencer-, Content-, Social-Media-, Amazon-, Voice-, B2B-, Sprachassistenten- und E-Mail-Marketing, Google Ads, SEO. Springer Fachmedien Wiesbaden.

Lewandowski, Saskia. 24.1.2023. Blog Haufe Talent, WhatsApp Recruiting: Pflicht oder Kür? https://www.umantis.com/bewerbermanagement/whatsapp-recruiting. Zugegriffen: 05.05.2023.

Lies, Jan. 14.02.2018. Wirtschaftslexikon. Gabler. Revision von Employer Branding. https:// wirtschaftslexikon.gabler.de/definition/employer-branding-53538/version-276620. Zugegriffen: 29.06.2023.

Loesche, Dyfed. 2018. The Potenzial of Social Media Advertising. Statista: https://www.sta tista.com/chart/12684/potential-of-social-media-advertising/. Zugegriffen: 19.05.2023.

Löffler, Miriam und Michl, Irene. 2019. Think Content! Content-Strategie, Content fürs Marketing, Content-Produktion. Rheinwerk Computing, 2. Auflage.

Lohmeier, L. 2022. Anteil der befragten Internetnutzer, die LinkedIn nutzen, nach Altersgruppen in Deutschland im Jahr 2021/22. Statista: https://de.statista.com/statistik/daten/studie/812608/umfrage/nutzung-von-LinkedIn-nach-altersgruppen-in-deutsc hland. Zugegriffen: 19.05.2023.

Lohmeier, L. 2023. Wie lang ist ein Podcast idealerweise, damit Sie ihn gerne hören? Statista: https://de.statista.com/statistik/daten/studie/1328565/umfrage/ideale-laenge-von-podcasts-in-deutschland. Zugegriffen: 19.05.2023.

Trendence Institut. 2022. Mitarbeiterbewertungen als Prüfsiegel für Arbeitgeber: https://www.pressebox.de/pressemitteilung/trendence-institut-gmbh/Mitarbeiterbewertungen-als-Pruefsiegel-fuer-Arbeitgeber/boxid/1097641. Zugegriffen: 02.06.2023.

Radancy. 2022. Mitarbeiter-werben-Mitarbeiter Benchmark Bericht: https://www.radancy.com/de/Mitarbeiter-werben-Mitarbeiter-Benchmark-Report. Zugegriffen: 15.06.2023.

Rassek, Anja. 2021. Karrierebibel. Fachkräftemangel: Mythos oder wahrhaftiges Problem? https://karrierebibel.de/fachkraeftemangel, Zugegriffen: 15.06.2023.

Reuter, N., Junge, C. (2020). Multichannel User Experience Design. In: Dannhäuser, R. (eds) Praxishandbuch Social Media Recruiting. 4. Auflage. Springer Gabler, Wiesbaden.

RMS Radio Marketing Service. 2022. Podcast-Nutzer:innen: Wo und wann hören sie Podcasts und wie stehen sie zu Werbung? Studie: https://rms.de/audio-und-radiowerbung/studien/podcast_studie_2022. Zugegriffen: 19.05.2023.

Social Media Examiner. 2023. Social Media Marketing Industry Report. Studie: https://www.socialmediaexaminer.com/social-media-marketing-industry-report-2023/. Zugegriffen: 29.06.2023.

Sturmer, Martin. 2019. Corporate Influencer: Mitarbeiter als Markenbotschafter. Springer Fachmedien Wiesbaden.

Uhl, Manfred. 2020. Content Marketing – Ein Definitionsansatz: Rahmenbedingungen, relevante Akteure und Begriffsentwicklung. Springer Fachmedien Wiesbaden.

Vassilian, Larissa. 2021. Podcasting!: Alles, was Sie für Ihren erfolgreichen Podcast brauchen. Rheinwerk Computing.

Verhoeven, Tim. 2020. Digitalisierung im Recruiting – Wie sich Recruiting durch künstliche Intelligenz, Algorithmen und Bots verändert. Springer Fachmedien Wiesbaden.

Weitzel et al. 2020. Studie „Recruiting Trends 2020". Centre of Human Resources Information Systems (CHRIS) der Universitäten Bamberg und Nürnberg im Auftrag von Monster Worldwide Deutschland. https://www.uni-bamberg.de/isdl/chris/recruiting-trends/recruiting-trends-2020. Zugegriffen: 26.2.2023.

Weitzel et al: Universität Bamberg. 2020. Social Recruiting und Active Sourcing. Studie: https://www.unibamberg.de/fileadmin/uni/fakultaeten/wiai_lehrstuehle/isdl/Recruiting_Trends_2020/Studien_2020_01_Social_Recruiting_Web.pdf. Zugegriffen: 26.2.2023.

Wisotzky, Hans-Heinz. 2023. Die perfekte Candidate Journey & Experience: Erfolgreiches Recruiting für mittelständische Unternehmen und Start-ups. Springer Fachmedien Wiesbaden.

Printed in the United States
by Baker & Taylor Publisher Services